駿台受験シリーズ

スラスラ英作文教室

—表現力と思考力をアップさせる—

鍋谷賢市 著

実戦演習授業（プロセス編）

駿台文庫

はじめに

言葉で表現することは実に楽しいことであり，さらに英語で表現するという異文化体験は，グローバル化がますます進展する世界で活躍を期待される若い皆さんにはぜひ味わって欲しい経験の一つです。

しかしながら，高校の教科書やこれまでの市販の問題集も，形だけの構文や定型表現に基づいた作例をただ提示するだけで，英文を構成するための本質的な知識や技法を教えるものではありませんでした。

また，学習する側も英単語や定型表現をただ闇雲に日本文にあてはめるだけで，英文作りの楽しさを味わう機会を与えられることは，ほぼ皆無だったといってよいかもしれません。

母語と同じような表現様式がそのまま外国語にもあてはまるということはほぼありえないことです。外国語で表現するためには，まずそれぞれの外国語本来の特質を知る必要があります。そうした特質を知らずに，与えられた日本文を，あるいは思いついた考えをただ闇雲に英訳するだけでは，“英文らしい英文”にはならないのは当然のことであると同時に，英文表現の楽しさを味わうことも到底できません。

本書は，英語独自の表現様式（ツール）の特質をシンプルな視点から説明するとともに，言葉のもつ表現力を大切にしながら，“英文らしい英文”を構成していくためのプロセスを体系的かつ詳細に解説することを特徴としています。

本書での学習を通して本物の表現力と思考力を身につけてもらうと同時に，英語で表現する醍醐味を味わってもらうこと，それが本書の目的であり，著者の願いであります。

2016年早春　著者しるす

《本書が想定するレベルと学習効果》

◆**東京大，京都大，一橋大，東京外大，大阪大，早稲田大，慶応大，上智大などの最難関大を志望する学生**

日本語特有の表現が含まれるこなれた日本文に対して高度な英訳を求めたり，また自由英作文を出題する最難関大を志望する学生に対して，英作文力アップのための確固とした基盤を築く基礎問題集として効果があります。

◆**北海道大，東北大，東京工大，名古屋大，神戸大，広島大，九州大などの難関国公立大や医学部医学科を志望する学生**

これらの難関大入試，特に医学部入試では，英作文問題の出来・不出来が合格を大きく左右すると言っても過言ではありません。本書は，これらの難関大や医学部医学科を志望する学生に対して，得点力アップをもたらす実戦問題集として効果があります。

◆**国公立大や難関私立大（GMARCHや関関同立など）を志望する学生**

英作文問題への対応力をつけることで，入試への準備をより万全なものにし，合格をより確実なものにする応用問題集として効果があります。

《本書の構成と使用法》

■本書はプロセス編とツール編の二部構成の形をとっています。以下のどちらの進め方をしてもらってもかまいません。

⑴ツール編を適宜参照しながら，プロセス編の実戦演習を進めていく。

⑵ツール編を読み込んだ上で，プロセス編の実戦演習を進めていく。

■プロセス編の実戦演習では事前に自分なりに英文を作成してみてください。自ら作成した英文と比較検討しながら，解説を読み込んでもらうことで学習効果を上げていくことができます。

■各実戦演習には練習問題を設けています。語句や定型表現の理解を深めるためぜひ取り組んでください。巻末に解答を掲載しています。

Contents

Part Ⅰ　実戦演習授業（プロセス編）

☆「オリジナル」となっています問題文は，過去の大学入試問題を参考に，学習効果を考えて，著者が作成したものです。

英文構成のプロセスについて

“あなたの英作文，ネイティブ・スピーカーに正しく伝わるでしょうか？”

次の日本文を英文に直してみてください。
（医師が患者へ忠告するといった文脈で）
もし塩分を摂り過ぎれば，将来，高血圧になる可能性がありますよ。

これを “If you take too much salt, there will be possibility to become high blood pressure in the future.” と構成したとしましょう。

一見してスペルミスも，文法的にも間違いはないように見えます。ところが，この英文を和訳してみれば，「あなたが塩分を摂り過ぎるかどうかわからないけれども，もし仮に摂り過ぎてしまえば，将来，人間ではなく高血圧になる可能性があるでしょう」といった具合になってしまいます（**➡この英文に関して詳しい説明は，p.194 コラム⑴を参照してください**）。

与えられた問題文に対して，ただ闇雲に英単語や構文をあてはめていくだけの英作文練習では，“何となく英文を書いてみた” だけで，英語で表現する楽しみを味わえないどころか，英作文力の向上も到底望むことはできません。

こうした逐語的に日本文を英文に置き換えただけの英作文を **“直訳的英作文”** と呼ぶことにしましょう。では，どうすれば “直訳的英作文” から脱却して，ネイティブたちにも自然に伝わるような “英文らしい英文” を書けるようになるのでしょうか。

⑴ 英文構成の３つのプロセス

“英文らしい英文” とは，⑴ 問題文の解析 ➡ ⑵ 語句選択 ➡ ⑶ 英文作成 という３つのプロセスを経て構成されます。

⑴ 問題文の解析（マクロ・ミドルレベル）

“英文らしい英文” を書くための第一歩として，まず**問題文の主旨や文意を把握しながら，全体構成における対比関係や因果関係を抽出し，それらの強弱を確定することから始めていきます**。

すべての文章表現は，「**対比**（A⇔B）」，「**因果**（A⇒B）」，「**換言**（A＝B）」という３つの関係性から成り立っています（**➡ツール編 p.4・1⑴〜⑶**）。なかでも英語には特に対比関係・因果関係に関して，その強弱を明確に示す語句や表現様式というものがあらかじめ存在しています。それらの強弱関係を手がかりに読み進めることができる，いわば **“見ればわかる強弱関係”** というのが，日本語にはない，英語という言語の大きな特質になっています。

英文読解では，それらの強弱表現によって，強く表現される筆者の主張と弱く表現される一般論や筆者の主張ではない考えを読み分けながら，筆者の主張（文章の主旨）を読みとっていくことができます。英作文の場合にも同様に，**強弱表現をもとに読み手が見るだけで情報が整理でき，主旨が明瞭につかみとれるような英文を構成していく**ことが重要な要件になってきます。そして，そのための全体構成レベルでの対比・因果関係の吟味が，“英文らしい英文”を作成するための第一歩となってくるわけです。

次に，全体レベルでの解析が進めば，同様に対比・因果関係を軸に**文章レベルにおける各文章間の接続や主語の選択**（➡下記を参照）**などについて考える**プロセスへと入り，マクロ・ミドルレベルにおけるそれぞれの構成の骨格を整えていきます。

このように問題文の全体構成（マクロレベル）を把握し，そこから構成要素となるそれぞれの文と文との関係性（ミドルレベル）を明らかにするプロセス，それが問題文の解析という作業になります。

⑵ 語句選択（ミクロレベル）

問題文の解析が終われば，次に，語句選択の過程に入ります。**日本語表現のイメージやニュアンスを考えながら，それらにピタリと合った英単語や表現様式を選択していく**，それが語句選択の過程でなされるべきことです。

その際には，それぞれの英単語や表現様式がどのようなイメージやニュアンスを伝えるものかをあらかじめ理解できていること，すなわち“語彙力”が不可欠です。語彙力がなければ自分の思い通りに書けないのは当然のことです。語彙力の向上によって，自分が書いた英文が相手にどのように伝わるかがわかるようになり，伝えたいことを思い通りに表現できるようになっていきます。

外国語で表現できることはとても楽しいことで，ぜひ語彙力を高めてそうした英文構成の楽しさを味わってほしいと思いますが，しかしながら，**語彙力の向上は単に単語帳の暗記によってはかられるものでも，一朝一夕に身につけることができるものでもありません。**

語彙力とは，**一つ一つの英単語や定型表現がもつイメージやニュアンスを丹念に学習して，積み上げていく**ことによってはじめて身につけられるものです（➡語彙力の向上に関して，詳しくはp.198 コラム⑵を参照してください）。語学学習とは単語学習（語彙力の向上）に始まって単語学習で終わるものだと著者はいつも痛感しています。間違いなく身につけられた語彙力は皆さんの一生の宝物にもなるはずです。本書でも単語や表現様式の説明にできるかぎり紙片をさいています。ぜひ参考にして“本物の語彙力”を身につけていってほしいと思います。

⑶ 英文作成

第１ステップにおける全体構成，各文章間の接続，主語選択，そして第２ステップにおける英単語や定型表現などの語句選択の考察をもとに，それらを踏まえて，第３ステップとして，⑶

問題文の主旨や文意を的確に表現する英文を実際に組み上げていくプロセスに入っていきます。

以上，こうした3つのプロセスを経て英文らしい英文が構成されていくことになります。また，自由英作文問題において，自らの考えを英文化していく際にも，上記のプロセスを経るということでは和文英訳問題と同様であることも指摘しておきたいと思います。

英文構成の3つのプロセス

(1) **問題文の解析**

全体構成：主旨の把握＋対比・因果関係の抽出＋強弱表現の確定

文章構成：文章接続の考察＋主語の選択

⬇

(2) **語句選択**：文意を的確に表現する英単語や定型表現の選択

⬇

(3) **英文作成**：問題文の主旨や文意を表現する英文らしい英文の構成

(2) 英文構成の基本原則

英文は次の2つの基本原則に基づいて構成されます。まず**文の基本要素**に関する原則について。**“何について語りたいのか”，語りたいことを文の中心要素として主語**に置きます。そして，その文の主語に対して“何を語りたいのか”，それらを表現する主語の動作・状態を表す**動詞**，動作の対象を示す**目的語**，主語または目的語を説明する**補語**，そして，逆接，譲歩，対照，原因・理由，条件，時，場所，方法などを表す**副詞語句**などの文の基本要素によって一つの英文は成り立ちます。

次に文の**情報展開**の側面について。文の中心要素としての主語について，主に述べたい情報を**主情報**として，それに対して補足する情報を**補足情報**として峻別して表現することで，読み手にわかりやすく情報を展開させていくことも，英文構成上のもう一つの重要な原則になります（➡情報展開の表現様式に関しては，ツール編 p.16・2(1)～(5)を参照してください）。

ex. 彼は病気で寝ていて，昨日，学校を休んだ。

He was absent from school yesterday *because* he was sick in bed.

→ “because”は原因・理由を主情報として表現し，「病気で寝ていた」ことが学校を休むことになった直接的な原因であることを示しています（➡因果関係に関して，詳しくはツール編 p.8・1(2)）。

As he was sick in bed, he was absent from school yesterday.

→ "as" は聞き手も既知である補足情報としての原因・理由を表し，彼が「昨日，学校を休んだ」という事実が主情報として表現されています。

英文構成の基本原則

基本要素：**主　語**（文の中心要素）＋**動　詞**＋**目的語**＋**補　語**＋**副詞語句**

＋

情報展開：**主情報**・**補足情報**の峻別

(3) 主語選択の原則

主語選択は文章構成の要の一つとなるものです。主語選択の原則として，次の３点をあげることができます。

(1) 文の中心要素を主語にする

"何について語りたいのか"，語りたいことを文の中心要素として主語に据えることが主語選択の基本原則です。

例えば，「その列車は大雪のために駅を発車できなかった。」という日本文を英訳するとして，「その列車」を中心要素として主語に据えて，以下のように表現することができます。

ex. その列車は大雪のために駅を発車できなかった。

The train couldn't leave the station because it snowed heavily.

→ 文の中心要素である「その列車」に対する情報として，発車できなかった「理由」を主情報として "because" を用いて述べています。

The train couldn't leave the station as it snowed heavily.

→「その列車」に対する情報として，発車できなかった「事実」を述べています。

→ as 以下は補足情報として「既知の理由」を示します。

また「大雪」を中心要素として捉えるならば，次のようにも表現できます。

The heavy snowfall prevented the train from leaving the station.

→ その列車が出発できなかった「因果関係」（大雪⇒発車できない）を明示する表現です（➡無生物主語構文に関して，詳しくはツール編 p.9・1⑵②）。

It snowed so heavily that the train couldn't leave the station.

→「大雪」が降った結果として，その列車が発車できなかった「結果」を明示しています（➡結果の明示に関して，詳しくはツール編 p.13・1⑵⑤）。

→it：天候の it

⑵ 一般論の主語は"you"を用いる

通例，**一般論**として述べたい場合は主語に，**"you"**や**"people"**を用います。

"we"を用いることもありますが，"we"を用いると，自分たちとは異なる他者を排除したり逆の立場の集団や人々がいることを暗示したりすることになるので，"we"を用いる際には注意が必要です。

⑶ 形式主語を用いる

形容詞を含む表現になる場合は，**It is＋形容詞＋to-V～（行為）**，**It is＋形容詞＋that～（出来事）**のスタイルを考えてみます。

形式主語を用いて，to-V（行為）・that 節（出来事）を主語にすることで，人間や事物を主語にする場合と比べて客観的な表現様式になります。

ex. その川は泳ぐには危険だ。

It is dangerous *to swim in the river*.

→「その川で泳ぐ」という行為を中心要素に据えたスタイルです。

The river is dangerous to swim in.

→「その川」という事物を中心要素に据えたスタイルです（➡ツール編 p.41・4⑴②）。

【練習問題】次の日本文を英訳しなさい。

最近は不況だから，新しい仕事を見つけるのは難しいだろう。

【作例】

⑴のケース：「語りかける相手」を中心要素にして

You will find it difficult to get a new job under the recent bad economy.

⑴のケース：「新しい仕事」を中心要素にして

A new job will not be found easily under the recent bad economy.

⑵のケース＋理由の明示（主情報）

You will have a lot of difficulty getting new jobs because of the recent bad economy.

→一般論の"you"は複数扱いで，a new job とすると共有される意味合いも含むことから，ここでは new jobs としています。

(3)のケース＋軽い理由付け（補足情報）

Given the recent bad economy, it will be difficult for you to get a new job.

→ Given ～ ,：（分詞構文・前置詞）～を考慮に入れると・考え合わせると（**➡分詞構文に関して，詳しくはツール編 p.19・2(2)**）

補足：It is ＋形容詞＋ to-V（行為）／It is ＋形容詞＋ that 節（出来事）の表現様式

It is ＋形容詞＋ to-V は，「行為」が主語であるのに対して，It is ＋形容詞＋ that 節は「出来事」が主語です。従って，**行為については言えるが，出来事に対しては言えないような形容詞**（dangerous，difficult，hard，easy など）には to-V が，**行為ではなく出来事に言及する形容詞**（probable，true，clear，obvious，fortunate，certain，likely など）には that 節を用いて表現します。また行為と出来事の両方に言及できる形容詞の場合は両者への書き換えが可能です。

ex. この川で泳ぐのは危険だ。

→「泳ぐ」という行為が危険だ

It is *dangerous* to swim in this river.

≒ This river is *dangerous* to swim in.

→「この川」を中心要素とする表現です

× It is dangerous that you swim in this river.

ex. 彼がこの家で彼女と暮らしていたことは本当だ。

→「彼が暮らしていた」という出来事が本当

It is *true* that he lived in this house with her.

× It is true for him to have lived in this house with her.

× He is true to have lived in this house with her.

ex. 彼が明日ここに来ることはできない。

→「ここに来る」という行為が不可能

It is *impossible* for him to come here tomorrow.

→ It is impossible [for S] to-V：S は V できない

≒ He can't come here tomorrow.

→「彼」を中心要素とする表現です。

ex. 彼が昨日ここに来たということはありえないことだ。

→「彼がここに来た」という出来事がありえない

It is *impossible* that he came here yesterday.

→ It is impossible that S V：S が V することはありえない

ex. 君が人前で話すのに緊張するのは当然だ。

→「緊張する」という行為が当然だ

It is *natural* for you to be nervous in speaking in public.

→「君が緊張する」という出来事が当然だ

It is *natural* that you [should] be nervous in speaking in public.

各表記に関して

実戦演習問題に対する難易度表示について

＊実戦演習問題のレベルを以下の基準で表示しています。

★☆☆☆：全体構成もしくは各文章レベルにおいてやや工夫を要するレベル

★★☆☆：全体構成もしくは各文章レベルにおいて工夫を要するレベル

★★★☆：全体構成だけでなく各文章レベルにおいても工夫を要するレベル

★★★★：全体構成や各文章レベルに加えて，さらに語句レベルでも工夫を要するレベル

英文評価に関するA・B・C・D・Eの表記について

＊直訳的英作文の総合評価，実戦演習に掲載している各作例に対して以下の基準に基づいて評価しています。

Ⓐ：表記（文法語法）面も申し分なく，内容面でも問題文の内容を的確に表現できた英文で，入学試験でも満点を得られるレベル

Ⓑ：表記面や内容面において受験生レベルとしては高いレベルの英文で，入学試験では70％前後の得点率を得られるレベル

Ⓒ：表記面や内容面において受験生レベルとして標準的な英文で，入学試験では50％前後の得点率を得られるレベル

Ⓓ：表記面においてやや英文らしさに欠ける，あるいは内容面においてやや的確さに欠ける英文で，入学試験では30％前後の得点率にとどまるレベル

Ⓔ：表記面，内容面ともに英文としては通用しない英文で，入学試験でも得点はほぼ望めないレベル

直訳的英作文の採点に関して

＊実戦演習問題の難易度，問題文の文字数に応じて満点を設定し，表記面・内容面に関して以下の基準に基づき減点法にて採点しています。

＊減点：文法語法上の誤り，および内容表現上の不適切・不自然な箇所に関して以下の基準に基づき減点しています。

(－3)：英文としては通用しない致命的な誤り

(－2)：英文らしさを損なう誤り

(－1)：軽微ながらも英文らしさを損なう誤り

(△)：減点には至らないけれども注意を要する誤り

~~~~~~：文法語法上の誤りに対する減点対象を示しています。

［　　］：内容表現上の不適切・不自然な箇所に対する減点対象を示しています。
~~~~~~

実戦演習(1)　以下の日本文を英訳しなさい。（金沢大学）　**難易度★☆☆☆**

泳ぎは得意なので，たとえ海に投げ出されても溺れることは決してないと自慢する人たちがいる。しかし，そういう人たちは，プールで泳ぐのと，衣服をつけたまま海で泳ぐのとは違うということを知ったほうがよい。

直訳的英作文の作例（総合評価・Ⓔ：0点／15点満点）

There are people who are proud that because they are good at swimming, even if they were thrown into the sea, they would never drown. But such people had better know that swimming in a pool is different from swimming in the sea, wearing their clothes.

完全NGワード!　**there are, proud, because, had better, different**

解　説

第1文

◆「存在するのか，しないのか」，**主情報として主語の存在を明示したいときに there 構文を用います**（➡ p.195 コラム(1)②）。しかし，「自慢する人たちがいるのかいないのか」という，自慢する人たちの存在の有無をいうことが第1文の主情報ではありません。主情報はあくまで「ある人々が溺れないと自慢している」ことですから，ここで there 構文を用いると不自然な表現になってしまいます。

◆“proud”（pride：誇り，自尊心）にも「自惚(うぬぼ)れている，威張(いば)っている」といった意味がありますが，第一義的には「誇り高い，自尊心のある」ことを表現する語句です。「溺れないことが誇りである」という表現や，また誇りをもつ事柄に対して，それを戒めたり忠告したり，さらに **“proud” は「口に出さずに内心で誇りに思っている」ことを意味する**ことからも，ここで “proud” や “pride” を用いるとかなりおかしな表現になることに注意しなければなりません（➡ **p.19 語句選択**）。

◆「溺れないと自慢する」ことが主情報で，「泳ぎが得意なこと」は「溺れない」ことへの補足的な理由を表しているにすぎません。ここで**主情報として原因・理由を表す “because”**（➡**ツール編 p.8・1(2)①**）を用いると，“なぜ溺れないのか” ということへの理由説明（“それは泳ぎが得意だからだ”）がこの文の主情報になってしまい，問題文の主旨からは大きく外れてしまうことになります。

◆that 節内に2つの節（because 節・even if 節）を入れ込むのは英文を煩雑にしてしまうことから極力避けたい表現です。

◆**"never"（決して〜ない）は**「溺れる」といった**一回限りの行為には用いられません**（➡ p.19 語句選択）。

〈採　点〉

[There are](−2) people who are [proud](−2) that [because](−3) they are good at swimming, [even if](−1) they were thrown into the sea, they would never(−1) drown.

第2文

◆強い対比（逆接）を表す "but" を用いる際には，**"but" を軸に対比関係（A 項⇔B 項）を明確にする**ことが鉄則で，わかりやすい英文を構成する必須要件です（➡ツール編 p.4・1(1)①）。この作例では「しかし＝but」と表現しているだけで，"but" を軸にした明確な逆接関係が表現されていません。

◆**"had better" は主語が1人称以外の時には警告や命令，時には脅迫の意味合いをもちます。**忠告・戒めが本問題文の主題ではありますが，"had better" では強意的で不自然な表現になってしまいます。ここでは助言的な忠告の表現が適切です（➡ p.23 語句選択）。

◆ここでの「違う」という日本語表現には，単に違う・異なるということではなく，そこには「危険ですよ」，「やめておきなさい」という，本問題文の主旨である "忠告・戒め" のメッセージが含意されていることに注意しなければなりません。"A is different from B" と表現することでも，暗にその危険性を表現することはできますが，**問題文にある「違う」という言葉の本質を捉えた，よりメッセージ性の高い英文に仕上げていく必要があります。**

◆"wearing 〜"：**分詞構文は補足情報であることを示します。**「衣服をつけたまま海で泳ぐ」は「プールで泳ぐ」との明確な対比を表していますから，主情報として表現するべきです。また，この作例では "wearing" の意味上の主語が "swimming in a pool" になってしまっています（➡ツール編 p.19・2(2)）。

〈採　点〉

But such people [had better](−2) know that swimming in a pool is [different](−1) from swimming in the sea, [wearing their clothes](−2)(−1).

泳ぎは得意なので，たとえ海に投げ出されても溺れることは決してないと自慢する人たちがいる。しかし，そういう人たちは，プールで泳ぐのと，衣服をつけたまま海で泳ぐのとは違うということを知ったほうがよい。

全体構成とポイント

＊「衣服をつけたまま海で泳ぐのは危険だよ」と，**溺れないと自慢している人々を戒め忠告する**ことがこの問題文の主題です。

＊文意から把握される「**高慢**」（**A項**）⇔「**忠告・戒め**」（**B項**）**の対比性**を明確に表現すること，そして，**“忠告・戒め”のメッセージ**をいかに表現できるかがポイントになってきます。

全体構成の解析

A項の展開

弱い因果（補足情報）

第1文：泳ぎは得意なので ➡ 溺れることはないと 自慢 する

高慢（A項）

⇕

たとえ海に投げ出されても（譲歩）

⇕

しかし：強い対比

B項の展開

第2文：衣服をつけたまま海で泳ぐことは，危険 だと知ったほうがよい

戒め（B項）

⇕

プールで泳ぐ（ことは安全だが）（譲歩・対照）

英文にする前に
じっくり問題文を
解析することが
重要だ！

第1文 泳ぎは得意なので，たとえ海に投げ出されても溺れることは決してないと自慢する人たちがいる。

Step 1 問題文の解析：文章接続＆主語選択

A項の展開

＊泳ぎは得意なので ➡ 溺れることはないと自慢する
理由　結果（主情報）

⇒「決して溺れないと自慢している」ことを後半で戒めることが本文の主題ですから，「泳ぎが得意なので」を強調する必要はなく，**弱い因果関係もしくは主情報である「溺れないことを自慢している」（結果）に焦点を置く**表現をとるべきだと判断します。

→ 弱い因果関係

分詞構文（➡ツール編 p.19・2(2)）

関係詞：挿入用法・継続用法（➡ツール編 p.46・4(3)）

→ 結果に焦点を置く

so ～ that 構文（➡ツール編 p.13・1(2)⑤）

⇒ **“but” を軸に対比関係（A項⬌B項）を明確にする**ことに留意します。

→ A項：高慢 ⇔ B項：忠告

＊主語選択：人たち

Step 2 語句選択

◆ 得意である

＊be good at ～：～が上手である

ex. 彼は水泳が得意である。

He's *good at* swimming.

= He is a good swimmer.

＊be strong in ～：～に優れている

ex. 彼女は数学が得意だ。

She's *strong in* mathematic.

⇒～に自信がある：**have confidence in ～**

ex. 私は英語が得意です。

I *have* a lot of *confidence in* my English.

◆ たとえ～でも

＊even if ～：たとえ～だとしても（仮定）

→事実ではないことや可能性は低いが現実にはありうるような事柄を表現する場合に用います。

→事実ではないことや可能性がかなり低い場合には**仮定法**で，可能性は低いが現実にはありうることを示す場合は**直説法**で表現します。

ex. たとえあなたが私の父親だとしても，あなたの忠告には従わない。

I would not follow your advice *even if* you were my father.（仮定法）

→「あなた」は実の父親ではありません。

ex. たとえ 10 年かかってもこの小説を書き上げるつもりです。

Even if it takes ten years, I will complete this novel.（直説法）

＊even though ～：たとえ～ではあっても（譲歩）

→事実に対する譲歩を“though”の強意形として用います。

ex. たとえあなたが私の父親ではあっても，あなたの忠告には従わない。

I will not follow your advice *even though* you are my father.

→「あなた」は実の父親です。

☞本問題文では現実にありうることとして捉える方が，自慢話としてより説得力を出すことができることから“even if＋直説法”を選択します。

◆ 海に投げ出される

＊be thrown into the sea

→ sea には通例 the をつけます。

◆ 溺れる

＊drown，be drowned

→日本語では“海で溺れる”としか表現できませんが，英語では自動詞・他動詞の区別によって異なるニュアンスが表現されます。

→また，日本語の「溺れる」は溺死しかかることと溺死することの両方の意味をもちますが，“drown”は「溺死する」ことを意味します。

＊S＋drown：S は溺れる

→主語の不注意などによって溺れることを表します。

→事故死のような場合，通例では，自動詞で表現することが好まれます。

ex. 彼らは危うく海で溺れるところだった。

They almost *drowned* in the sea.

＊S + drown + O：S（人や海・天候など）がOを溺れさせる

→O is drowned by S：SによってOは溺れさせられる（→Oが溺れる）

→O is drowned in [by ×] the sea：Oが海で溺れる

☞"be drowned" と表現することで，単に "溺れる" のではなく，"溺れさせられる" 感を表現でき，より文意に沿うことができることから，ここでは "O is drowned" を選択します（➡受動態に関しては，ツール編 p.23・2(4)）。

◆決してない

＊never

→単なる not の強意形ではなく，"never" には時間的な感覚が含まれることから，通例，**継続的・習慣的な行為**に対して用いられます。「溺れる」といった行為には用いられません。

ex. 決して君のことは忘れないよ。

I will *never* forget you.

ex. 彼は決してタバコは吸わない。

He *never* smokes.

ex. 彼はいつも家にいない。

He is *never* at home.

→He is not at home.：彼は今家にいない。

◆自慢する

＊take pride in ～：～に誇りをもつ

＊be proud of / that ～：～に誇りをもっている

→"pride"，"proud" は「口に出さず内心で誇りに思っている」ことを表します。

ex. 彼はこのチームの一員であることを誇りに思っている。

He *is proud of* being a member of this team.

＊boast of / that ～：（声に出して）～を自慢する，鼻にかける

ex. 彼女はいつも息子のことを自慢げに話す。

She always *boasts of* her son.

＊be boastful of ～：～を自慢している，鼻にかけている

＊brag about/of～：～（手柄・持物）を自慢する，自慢げに言う，鼻高々に話す

ex. 自慢するほどのことではありませんが，高級車を手に入れました。

It's nothing to *brag about*, but I've got a luxury car.

☞相手に不快感を与えるような自慢で，ここでは戒めの対象となるような "boast" を選択します。

◆ Vする S が（中には）いる

＊Some S + V～

ex. 人生をゲームだと見なす人もいる。

Some people think of life as a game.

Step 3 英文作成

Ⓑ　**Some people boast that they are so good at swimming that even if they are thrown into the sea, they will not be drowned.**

⇒ boast：**動作動詞の現在形**を用い，自慢する人々が不変的にいることを表現しています（➡ツール編 p.28・3(1)）。

⇒ **so ～ that 構文により結果へのスムーズな流れ**を作り，結果（they will not be drowned）へ焦点を当てるスタイルになっています。また "such good swimmers that ～"（such ～ that 構文）としても同様です。

⇒ 2つの that 節に，そこにさらに even if 節が入り込み，やや煩雑な英文になってしまっています。

Ⓑ　**Some people boast that, being strong in swimming, they will not be drowned even if they are thrown into the sea.**

⇒ **分詞構文によって軽い理由づけ**をおこない，結果への焦点化をはかっています。

⇒ that 節内に分詞構文と even if 節が入り込み，これまた煩雑な英文になってしまっています。

Ⓐ　**Some people, who have a lot of confidence in swimming, boast that even if they are thrown into the sea, they will not be drowned.**

⇒ **挿入用法によって主語を補足的に説明**しながら，「ある人々が→泳ぎには自信がある→自慢している」という流れを作りだし，文脈だけで軽い理由づけをするスタイルをとっています。

⇒受験生にとって，関係詞を使いこなすのは意外に難しいことだと思いますが，関係詞を用いることでかなり英文らしく表現できます。こうした挿入用法や継続用法によって軽い理由づけをする表現様式をぜひ習得してください。

第2文 **しかし，そういう人たちは，プールで泳ぐのと，衣服をつけたまま海で泳ぐのとは違うということを知ったほうがよい。**

Step 1 問題文の解析：文章接続＆主語選択

主張（B項）の展開

＊しかし，衣服をつけたまま海で泳ぐことは，違うということを知ったほうがよい。

⇒**逆接マーカーを用いる際には，対比性（A項 ⇔ B項）を明確に示す**必要があることに留意します。

→A項：高慢 ⇔ B項：忠告（危険である・やめておきなさい）

＊プールで泳ぐ ⇔ 衣服をつけたまま海で泳ぐ

⇒「衣服をつけたまま（海で泳ぐ）」は「水着で（プールで泳ぐ）」との対比を表す語句ですから**主情報**として表現します（➡p.22 語句選択）。

＊主語選択：人たち

Step 2 語句選択

◆ 衣服

＊**clothes**（**複数扱い**）

ex. このスーツの色は君に似合っている。まさに馬子(まご)にも衣装だ。

The color of this suit suits you. Fine *clothes* really make the man.

◆ ～したまま

⇒主情報：**付帯状況を表す with**（➡ツール編 p.19・2(2)）

⇒補足情報：**分詞構文**

ex. 彼女は帽子をかぶったまま部屋に入ってきた。

She came into the room *with her hat on*.
主情報

She came into the room, *wearing her hat*.
補足情報

◆ AとBは違う

＊A is different from B：A は B と違っている

ex. 私の意見は彼と多くの点で違っている。

My opinion *is different from* his in many ways.

＊A differ from B：A は B と違う

ex. 私の意見は彼と多くの点で違っている。

My opinion *differs from* his in many ways.

→ be different よりもかたい言い方です。

＊There is a difference between A and B：A と B とには違いがある

→ difference の存在に焦点が当たり，「違いがあること」が強調されます。

ex. 両者の間には大きな違いがある。

There is a big *difference between* both of them.

＊A is not the same as B：A は B と同じではない

ex. 分類学上，細菌とウイルスは違う。

A bacillus *is not the same as* a virus in taxonomy.

＊A is unlike B：A は B には似てはいない

ex. 彼女の声はいつもの声とはまったく違っていた。

Her voice *was* quite *unlike* her usual voice.

＊A is one thing and B is another：A と B は別物だ

ex. 計画することと，それを実行することは別のことだ。

Making a plan *is one thing and* carrying it out *is another*.

→実行することが難しいことを表現しています（➡ツール編 p.7・1(1)③）。

≒ It is one thing to make a plan and it is another to carry it out.

◆ ～したほうがよい

＊should + V～：～するほうがよい（助言）

ex. 少し体重を減らしたほうがいいよ。

You *should* lose some weight.

→“should” は “must” や “have to” よりも弱く，「するべき」（義務）という日本語の感覚よりも，「するほうがいいよ」といった**助言**を表します。

→ should：話し手の主観に基づく判断

ought to：社会的慣習や規則などに基づく判断

→ 相手への強制力の強さ：

should < ought to < had better < be to-V < need to < have to < must

＊tell + O + that S should V～：O に～するように助言する

ex. 少し体重を減らすように言われた。

I was *told that* I *should* lose some weight.

＊suggest / recommend [to O] that S [should] V～：（O に）～するように勧める

→ suggest：控え目に提案する，recommend：推奨する

ex. 英語を勉強しておくことをお勧めします。

I'd *recommend that* you study English.

→ would：丁寧表現 （➡ツール編 p.35・3⑷③）

＊advise + O + to-V～：O に～するように忠告する・強く勧める

→ 日本語の「アドバイス」と違い，強制を含意し，医者が患者へ，上司が部下へ，先輩が後輩へといった，**専門的な知識をもった人によるアドバイス**になります。

ex. その医者は彼に体重を少し減らしたほうがよいと言った。

The doctor *advised* him *to* lose some weight.

ex. 飛行中は安全のためシートベルトをお締めください。

You *are advised to* fasten your seatbelt for your own safety in flight.

→ be advised to-V：アナウンスや掲示に使われる丁寧な案内表現です。

→ より丁寧に表現したい場合は “would” を用います。

＊had better + V～：～するべきだ，～したほうがよい

→ 主語が 1 人称以外の時には，やらない場合は不快な・悪い結果を招くことを暗示し，**警告・命令**，時には**脅迫・威嚇**を含意するので注意が必要です。ただし，must などとは異なり判断の余地は相手に残されており，相手への強制力はそれほど強いものではありません。

ex. タバコはすぐにやめたほうがよい。

You'*d better* quit smoking.

Step 3 英文作成

Ⓑ　**Such people, however, should know that there is a significant difference between swimming in a pool and swimming in the sea with clothes on.**

⇒ **"a significant difference"**（重大な違い）として，さらにそれを **there 構文を使って主情報として明示する**ことで，その危険性を表現しています。ただし，そのメッセージ性は間接的な表現にとどまり，それほど強いものにはなっていません。

Ⓐ　**These people, however, need to learn that swimming in a pool is one thing and swimming in the sea with clothes on is quite another.**

⇒ "know" はすでにある内容・情報を知識として「知っている」（状態）ことを表現します。それに対して "learn" は知らない内容・情報を新たに「学ぶ・身につける」（動作）ことを表現します。命に関わる危険性を教え戒めることが本問題文の主旨であることから，"learn" とやや強制力の強い "need to" を用いてその警告性を表現しています。

⇒ さらに「**まったく別物だ**」と表現することでその危険性を強調しています。

→ **"quite ＋形容詞"**（まったく・本当に～）の形をとるのは，二者選択の概念をもつ形容詞（different, right, another）や "very" では修飾しない，それ自体で強意を表す形容詞（remarkable, astonishing, exhausted），程度の差をもたない形容詞（true, perfect, impossible）などです。

→ good や interesting, tired などの程度に段階のある形容詞は **"very ＋形容詞"** の形をとります。

《発展レベル》

These people, however, need to learn that swimming in the sea with clothes on is quite different from swimming in a pool, in that the former is very dangerous though the latter is relatively safe.

⇒ "文の中心要素は主語" という原則から，ここでは「プールで泳ぐこと」ではなく，「海で泳ぐこと」を主語にしています。

⇒ 少しくどい表現になりますが，まずは両者が異なるものであることを伝え，その後で "in that ～"（S が V する点において）や "：(コロン)" などを用いて，具体的に何が違うのかを説明するスタイルをとっています。

→ "：(コロン)" は具体的な説明や引用などの情報を付加する場合に用いられます。

⇒ より直接的に「**安全だ**」⇔「**危険だ**」と表現することで，**"高慢：boast ⇔ 戒め：dangerous"** の対比性を明示しています。

→ the former：前者，the latter：後者

These people, however, need to learn that while swimming in a pool is relatively safe, swimming in the sea with clothes on is very dangerous.

⇒ さらによりストレートに表現しています。

⇒ while S V ～：～する一方で（対照）（➡ツール編 p.6・1⑴③）

泳ぎは得意なので，たとえ海に投げ出されても溺れることは決してないと自慢する人たちがいる。しかし，そういう人たちは，プールで泳ぐのと，衣服をつけたまま海で泳ぐのとは違うということを知ったほうがよい。

《ベストアンサー》

Some people, who have a lot of confidence in swimming, boast that even if they are thrown into the sea, they will not be drowned. These people, however, need to learn that swimming in a pool is one thing and swimming in the sea with clothes on is quite another.

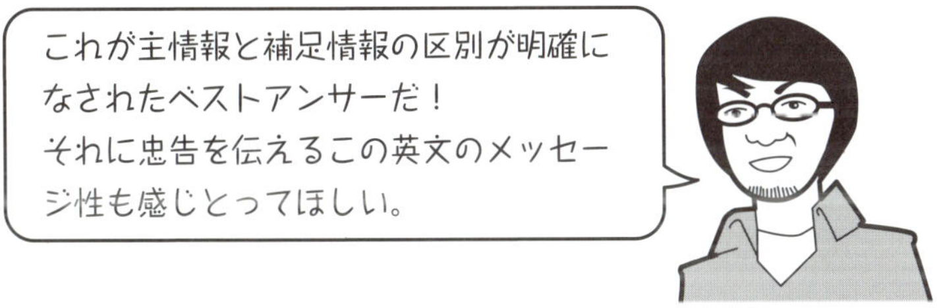

これが主情報と補足情報の区別が明確になされたベストアンサーだ！
それに忠告を伝えるこの英文のメッセージ性も感じとってほしい。

【練習問題】 日本語の文意に合うように，次の語句を並べ替えて英文を完成しなさい。なお，文頭にくる語句も小文字で表しています。 （➡解答 p.184）

1．得意科目は何ですか。

your / what / are / subjects / best

………………………………………………………………………… ?

2．物理が得意科目です。

is / subject / my / Physics / strongest

………………………………………………………………………… .

3．たとえ友だちでもお金は貸せない。（1語不足）

can't / money / you / you / I / my / are / friend / , / lend / even / any

………………………………………………………………………… .

4．溺れるものは藁（わら）をもつかむ。《ことわざ》

straw / will / at / man / catch / a / a / drowning

………………………………………………………………………… .

5．子供の頃はずっと泳ぎはあまり得意ではなかった。

swimming / was / very / at / I / a / never / as / good / child

………………………………………………………………………… .

6．父は私の成功を誇りに思ってくれている。（１語不足）
my / succeeded / is / father / of / proud

……．

7．彼はよく自分の成功を自慢げに話していた。（１語不要）
boasted / his / success / he / of / often / proud

……．

8．私はテレビをつけたまま寝てしまった。（１語不足）
television / asleep / I / with / fell / the

……．

9．社会慣習は国によって異なる。（１語不足）
from / customs / country / country / social / to

……．

10．血圧が高めの方は塩分をお控えください。（１語不足）
salt / pressure / advised / those / high / to / cut down on / blood / have / who

……．

実戦演習(2)　以下の日本文を英訳しなさい。（大阪女子大学）　**難易度**★★★★

誰でも自分の考え方を持っているが，それを他人にわかるように伝えるのは難しい。たいていの場合，あまり簡潔に言うよりも，例を挙げたり根拠を示したりして説明するほうがいい。ただ結論を述べるだけでは誰も納得してはくれないものだ。

直訳的英作文の作例（総合評価・Ⓔ：１点／１５点満点）

Anyone has his or her own way of thinking, but it is difficult to convey it to others plainly. In most cases, you had better explain it, giving examples and showing a ground, rather than you say it too briefly. Merely saying a conclusion can't persuade anyone.

完全NGワード!　**had better, giving / showing**（分詞構文），**say**

解　説

一見して，問題文を忠実に訳出しているようにも見えますが，何が主張なのか，どこに力点が置かれているのかわかりづらい，全体としてメリハリのない漠然とした文章になってしまっています。

第1文

◆「考え方を持つ」という表現は問題ありませんが，「それ（考え方）を」伝えるというのは不自然です。日本語では通用しても，「考え方を伝える」のではなく「考えを伝える」と英文では表現するほうが自然です。

〈採　点〉

Anyone has his or her own way of thinking, but it is difficult to convey it (−1) to others plainly.

第2文

◆ "had better" は警告や威嚇を表現します（➡実戦演習(1) p.23・語句選択）。実戦演習(1)では生命に関わる内容でもあることを考えると，強意的な響きにはなるものの，"had better" を用いる余地もありましたが，本問題文にはそうした意味合いは一切なく，ここで "had better" を用いるとかなり不自然な表現になってしまいます。

◆"giving ～ and showing ～"：分詞構文は**補足情報**を示します（➡ツール編 p.19・2(2)）。「例や根拠を挙げたりして」は**主情報**ですから，「例や根拠」に焦点を当てる表現を選択しなければなりません。ここで分詞構文を用いると本問題文の最も重要な伝えるべき情報を的確に伝えることができない表現になってしまいます。

◆"ground" が「根拠」を表す場合は通例，複数形で用いられます。

◆"say" は発せられた言葉や発言内容を目的語にとります。「考え方」や「考え」そのものを目的語にとることはできません（➡ p.42 語句選択）。

〈採　点〉

In most cases, you [had better](−3) explain it, [giving examples and showing a ground](−3)(−1), rather than you say(−2) it too briefly.

第3文

◆動名詞（Merely saying ～）を主語とすることで，一応，無生物主語構文の体裁がとられていますが，主語が目的語（anyone）と比較して長く，バランスが悪いことから，やや形態的に英文らしさが損なわれています。

◆「結論を述べる」を "say a conclusion" とするのも誤りで，通例，"state a conclusion" などと表現します（➡ p.41 語句選択）。

◆「誰も納得してはくれない」との問題文では，何を納得させるのか，納得させる事柄が省略されています。"persuade" は，"persuade + O"（O を説得する）の形をとることもありますが，通例，"persuade + O + of / that ～（O に～を納得・確信させる）" などの形をとり，ここでは何を納得させるのかを補って表現する必要があります。日本文では目的語の省略は頻繁に行われますが，英文では明らかに省略されている語句がわかり，それを繰り返すとくどくなるような場合を除けば，目的語を任意に省略することは許されません（➡ p.43 語句選択）。

〈採　点〉

[Merely saying(−2) a conclusion(−2)] can't persuade(△) anyone.

誰でも自分の考え方を持っているが，それを他人にわかるように伝えるのは難しい。たいていの場合，あまり簡潔に言うよりも，例を挙げたり根拠を示したりして説明するほうがいい。ただ結論を述べるだけでは誰も納得してはくれないものだ。

全体構成とポイント

＊第１文の問題提起に対して，この問題文の主旨は，第２文にある，「自分」の考えを「他人」に伝えたいとき，それを「簡潔に言う」だけではだめで，「例や根拠を示しながら説明する」ことが肝要だということにあります。それぞれの**対比性や主情報・補足情報を峻別**しながらわかりやすく表現できるかがポイントです。

＊第３文は「簡潔に言う」ことの一つの**具体例**を述べています。主張文である第２文（main sentence）を内容的に補助する役割（support sentence）を担っており（➡ツール編 p.14・1 ⑶），主張文と同様の扱いをするべきだと判断します。

全体構成の解析

問題提起

第1文：**自分** の考えを持っている ⟷（対比） それを **他人** に伝えるのは難しい

⬇

本　論

第2文：簡潔に言う ⟷（対比） 例や根拠を示して説明するほうがよい（主情報）(main sentence)

‖

第3文：ただ結論を述べるだけ ➡（因果） 誰も納得しない (support sentence)

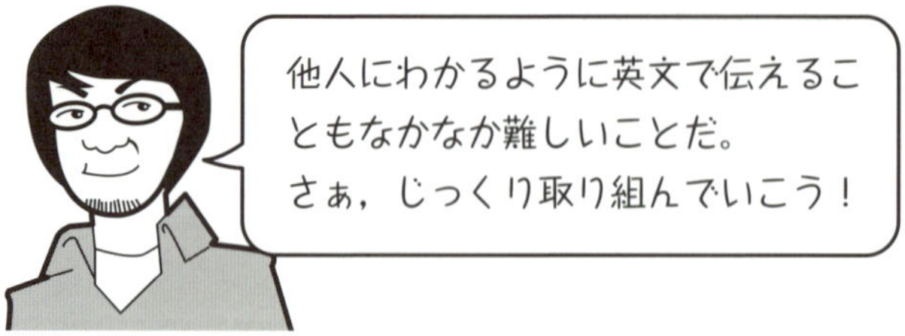

他人にわかるように英文で伝えることもなかなか難しいことだ。
さぁ，じっくり取り組んでいこう！

第1文 誰でも自分の考え方を持っているが，それを他人にわかるように伝えるのは難しい。

Step 1 問題文の解析：文章接続＆主語選択

問題提起

＊ 自分 の考えを持っているが ⟺(対比) 他人 にわかるように伝えるのは難しい

⇒「持っているが」の「が」は**逆接の「が」**です（➡p.32 語句選択）。

⇒「自分」⇔「他人」との対照性を意識するならば**対照マーカー**を，「持っている」に対して「伝えるのは難しい」に焦点を当てるならば，**逆接**あるいは**譲歩マーカー**を用いて表現します（➡ツール編 p.4〜6・1(1)①②）。

＊**主語選択**：(1)誰でも　(2)you（語りかける相手）　(3)形式主語（➡p.9 主語選択の原則）

Step 2 語句選択

◆ 誰でも

＊**anyone**

＊**anybody**

→ anyone よりくだけた言い方です。

ex. 誰でも自分の意見を述べる自由がある。

Anyone has freedom to express his or her opinion.

◆ 他人・他者

＊単数：**someone，another person**

＊複数：**other people，others**

◆ 考え方

＊**a way of thinking**

ex. 今の若い人は我々とは考え方が違う。

Young people today have *a* different *way of thinking* from ours.

◆ 考え

＊idea：心に浮かんだ考え，思いつき

＊notion：idea よりも漠然とした考え

＊thoughts：理性的な思考に基づく考え（通例，複数形）

＊opinion：意見，持論

→ 意見を述べる：give/express one's opinion

→「述べる」（➡p.41 語句選択）

＊view：個人的な見解

＊attitude：心構えや気持ち

＊what S mean：S の言いたいこと（意見・意図）

◆ ～であるが

⇒ 前置きの「が」

→ つなぎの語句を意識することなく，それぞれ独立した文として扱います。

ex. 私は京都に住んでいますが，先日，京都にも雪が降りました。

I live in Kyoto. It snowed here in Kyoto the other day.

⇒ 逆接の「が」（➡ツール編 p.4・1 (1)）

＊逆接マーカー（強い対比）：A ではなく B だ

＊譲歩マーカー（弱い対比）：A だけれども B だ

＊対照マーカー（並　置）：一方は A で，他方は B だ

◆ わかるように

＊plainly：明白に，はっきりと

ex. わかりやすく言えば，彼女はあなたのことが嫌いなのです。

To put it *plainly*, she doesn't like you.

＊simply：単純に，平易に

＊clearly：明確に，筋道を立てて

＊intelligibly：理解しやすく，明瞭に

ex. 学生にわかるようになんとかその質問に答えることができた。

I managed to answer the question to the student *intelligibly*.

＊in a way [that] S can understand：S が理解できるように

ex. あなたの考え方を誰もがわかるように説明しなさい。

Explain your opinion *in a way anyone can understand*.

◆ わかる

＊know：情報・知識としてわかっている

ex. 彼はメールから彼女の感情を傷つけたことはわかっていた。

He *knew* that he had hurt her feelings from her e-mail.

＊find：経験・試みによってわかる

ex. 彼は彼女の家を訪ねてみたが，彼女は不在だとわかった。

He called at her house but *found* her out.

＊realize：実感してわかる・物事の本質を悟る

ex. 君は両親の愛情がわからないのか。

Don't you *realize* how much your parents love you?

＊understand：頭で理解・了解する，心情的に理解する

ex. 私の言うことがわかりますか。

Do you *understand* me?

ex. 君のことはよくわかっているよ。

I *understand* you.

＊see：要点などを理解する

ex. 私の発言の要点がわかりますか。

Do you *see* the point of my remark?

＊grasp：把握する，つかむ

ex. 彼の真意がわからなかった。

I didn't *grasp* his meaning.

＊notice：見たり・聞いたりして気づく

ex. 見知らぬ男があたりをうろうろしているのに気づいた。

I *noticed* a stranger prowling around.

＊perceive：感覚（視覚）でわかる

ex. 彼女が部屋に入るのに気づいた者は誰もいなかった。

Nobody *perceived* her entering the room.

ex. 遠くに明かりがあるのがわかった。

I *perceived* a light in the distance.

＊conceive：頭でわかる，考えなどが思いつく

ex. 彼らの話を聞いて面倒なことになりそうだとわかった。

Hearing what they were talking about, I *conceived* that there would be some difficulties.

＊recognize：以前の経験や記憶によってわかる

ex. 以前彼女に会ったことがあるので，彼女の声だとすぐにわかった。

I *recognized* her voice at once as I had met her before.

＊appreciate：価値がわかる

ex. ピカソの絵の素晴らしさがわかった。

I *appreciated* pictures by Picasso.

＊comprehend：物事の意味や性質がわかる（主に否定文で）

ex. 彼の言わんとすることがわからなかった。

I couldn't *comprehend* what he was trying to say.

＊convince：確信させる

ex. 彼女が正しいことを彼にわかってもらえなかった。

I couldn't *convince* him that she was right.

→ S convince + O + of ～，S convince + O + that ～：O に～を確信させる

＊persuade：納得させる

ex. 私は彼が無罪だと納得した。

I was *persuaded* of his innocence.

→ S persuade + O + of ～：O に～を納得させる

→ O is persuaded + of ～：O は～を納得する

◆ 伝える

＊tell ＋ O ＋ that ～：O に～を伝える・話す

＊communicate ＋ O ＋ to ～：情報などを～に伝える

＊make ＋ O ＋ known to ～：事実・知識などを～に知らせる

＊convey ＋ O ＋ to ～：意味・思想・感情などを～に伝達する

ex. 言葉では十分に感情を伝えることができない。

No words can fully *convey* your feelings *to* others.

You cannot fully *convey* your feelings *to* others in words.

ex. この絵は彼がいかに妻の死を嘆き悲しんだかを私に伝えてくる。

This picture *conveys to* me how deeply he lamented his wife's death.

◆ 難しい

＊difficult：肉体的な努力よりも知識・技術・判断力などを必要として難しい

→「できない・不可能」を時として含意する日本語の「難しい」と異なり,「できない・不可能」であることは含意しません。

→ 人間を中心に:S have difficulty V-ing

→ 行為を中心に:It is difficult for S to-V

ex. 英語で自分の言いたいことを理解してもらうのは難しい。

I *have difficulty making* myself understood in English.

It is difficult for me to make myself understood in English.

× I am difficult to make myself understood in English.(➡ツール編 p.41・4(1)②)

× It is difficult that I make myself understood in English.(➡p.11 英文構成のプロセスについて・補足)

＊hard:精神的・肉体的に難しい(difficult より口語的)

＊tough:解決・達成が難しい・骨の折れる(difficult より口語的)

Step 3 英文作成

Ⓐ **Anyone has their own views, but it is difficult to get other people to understand them.**

⇒ "anyone" は通例,性差別への配慮から "he or she" / "his or her" / "him or her" などで受けますが,"they" / "their" / "them" で受けることもできます。

⇒ get other people to understand them

→「わかるように」や「伝える」という言葉にこだわる必要はなく,「他者に自分の考えを(努力して)理解させる」と表現しています。

→ get + O + to-V:(努力して)O に〜させる(➡ツール編 p.63・5(7)③, p.198 コラム(2))

Ⓐ **While you have your own opinions, you often have difficulty conveying them to other people in a way they can understand them correctly.**

⇒ "you"(語りかける相手)を主語にして,"other people" との対照性を演出しています。

Ⓐ **Though you have your own views, it is difficult for you to communicate them plainly to other people.**

第2文 たいていの場合，あまり簡潔に言うよりも，例を挙げたり根拠を示したりして説明するほうがいい。

Step 1 問題文の解析：文章接続＆主語選択

主張の展開（main sentence）（本論 I）

＊簡潔に言うよりも ⟷（対比） 例を挙げたり根拠を示したりして説明するほうがよい（主情報）

⇒ここでは「～よりも」に注目して，対比関係を**比較表現**を用いて表現していくとの方針を立てます（➡比較表現に関して，ツール編 p.16・2(1)）

⇒「例を挙げたり根拠を示したりして」

→主張文における**主情報**として焦点を当てて強く表現します。

＊主語選択：(1)例や根拠　(2)説明　(3)you（語りかける相手）

Step 2 語句選択

◆ たいていの場合

＊**in most cases**

⇒ 一般的に：**generally，in general，generally speaking**

◆ あまりに

＊**to excess，excessively**：過度に・極端に

＊**too ＋形容詞・副詞**：あまりにも～すぎる（度を越している）

ex. あまり頻繁に肥料をあげるとかえって花がだめになりますよ。

Too frequent fertilizer in fact kills flowers.

◆ 簡潔に

＊**simply**：平易に，単純に

＊**briefly，in brief**：手短に，簡潔に

＊**concisely**：文章や言葉などが簡明に

◆ 例を挙げる

＊give examples

＊give an example：一例を挙げる

◆ 根拠

＊reason：理由を表す最も一般的な語

＊grounds：言動・判断などの根拠（通例，複数形）

＊foundation：思想・報道などの根拠

◆ 説明する

＊explain A to B：AをBに説明する

ex. 英語教師の重要な役割の一つが，英単語のイメージを学生に説明することだ。

It is one of the important roles for a teacher of English to *explain* the images of English words *to* the students.

＊describe A to B：AをBに言葉で説明する・特徴を述べる

ex. 彼女はその事件の状況を警察に説明した。

She *described* the situation of the accident *to* the police.

＊illustrate + O：実例・図などをあげて～を説明する

ex. この図表は体内の血液の流れを説明している。

This diagram *illustrates* how the blood circulates through the body.

＊account for ～：～の理由を説明・弁明する

ex. 手荷物を紛失した理由をどう説明するのですか。

How do you *account for* the missing baggage?

◆ …するよりも～するほうがよい

＊It would be better [for S] to-V ～, instead of …

→ had better＋原形のような警告や威嚇の意味はなく，穏やかな助言を表します。

ex. 自分のやり方でただやるよりもベテランの助言に従ったほうがいいよ。

It would be better to follow an expert's advice, *instead of* just doing your own way.

→ instead of ～：～の代わりに，～しないで

Step 3 英文作成

Ⓑ **Generally speaking, it would be better to explain your opinions to other people by giving some examples or reasons, instead of expressing them too briefly.**

⇒ "explain" や "express" は他動詞ですから, "your opinions" などの目的語が必要です。

⇒ "by giving ～" として「例や根拠を挙げたりして」を**主情報**として表現していますが（➡ツール編 p.9・1(2)③, p.60・5(6)), もう少し "too briefly" との対比性を明示したいところです。

Ⓑ **Generally speaking, you can convey your own opinions to others by giving some examples or reasons more effectively than by expressing them briefly.**

⇒ You can convey ～ to others [effectively] by giving some examples or reasons.
A項

＋

You can convey ～ to others [effectively] by expressing them briefly.
B項

→ 比較表現の作成プロセス（➡ツール編 p.16・2(1)）

Ⓐ **In general, some examples or reasons can help others understand what you mean better than just brief explanations can.**

⇒「**例や根拠**」を文の中心要素として**無生物主語構文**の形態をとっています。

⇒ Some examples or reasons can help others understand ～ [well].
A項

＋

Just brief explanations can [help others understand ～] [well].
B項

→ help＋O＋原形：O が～するのに役立つ・助けになる（➡ツール編 p.52・5(1)②）

→ **認識**を表す動詞（know, understand, realize など), **知覚**を表す動詞（see, hear など）の場合, 比較表現では "more" ではなく "better (← well)" を用います。

→ just brief explanations：まったく簡潔なだけの説明

→ just：副（強調して）まったく, 本当に

Ⓐ **In most cases, explaining your views with some examples or reasons is a better way to convey them to others than explaining them just briefly.**

⇒より共通項のある比較対象にするために，A項・B項を“explaining ～”に統一しています（➡ツール編 p.17・2(1)）。

⇒Explaining your views with ～ is [a good way] to convey them to others.
A項
＋
Explaining them just briefly is [a good way] [to convey them to others].
B項

Ⓐ **In most cases, an explanation with some examples or reasons can convey more plainly what you mean to other people than a just brief explanation can.**

⇒さらに名詞構文化（explanning → explanation）をはかっています。

⇒An explanation with some ～ can convey [plainly] ～ to other people.
A項
＋
A just brief explanation can [convey [plainly] ～ to other people].
B項

→“動詞＋O＋前置詞＋名詞”に動詞を修飾する副詞を加える場合，副詞を動詞の直後に置くことで修飾関係をわかりやすくします。

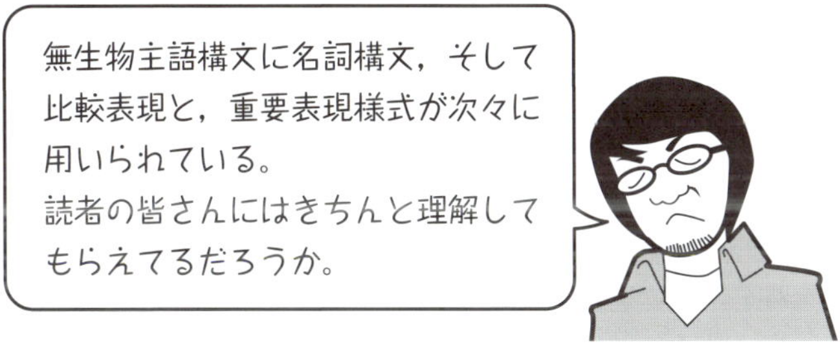

無生物主語構文に名詞構文，そして比較表現と，重要表現様式が次々に用いられている。
読者の皆さんにはきちんと理解してもらえてるだろうか。

第3文　ただ結論を述べるだけでは誰も納得してはくれないものだ。

Step 1 問題文の解析：文章接続＆主語選択

本論Ⅰの補足文（support sentence）（本論Ⅱ）

＊ただ結論を述べるだけ（原因） ➡（因果） 誰も納得してはくれない（結果）

⇒主張の裏返しをする反復表現ですが，主張文であることには変わりがないので，ここも強い因果関係を表す表現様式を用います。

＊主語選択：⑴誰も　⑵you（語りかける相手）　⑶述べること

Step 2 語句選択

◆ ただ～するだけ（副詞）

→これらの副詞の位置は修飾する語句の直前に置くことが原則です。

＊only：ただ～だけ

ex. それは彼女をただ怒らせるだけだろう。

It will *only* make her angry.

＊simply：（節・句を修飾して）単に～だけ

ex. 私は単に楽しみのために本を読んでいる。

I read books *simply* for pleasure.

＊merely：ちょっと～だけ

ex. ちょっとそれを見たかっただけだ。

I *merely* wanted to see it.

＊just：ちょうど～だけ

ex. これ以上この問題について議論してもややこしくなるだけだ。

Further discussion about this problem will *just* lead us to complexity.

◆ ～だけ（形容詞）

＊the only＋名詞：唯一の～

ex. 彼は私を助けてくれた唯一の友人だった。

He was *the only* friend that helped me.

＊名詞＋ alone：～だけ

ex. 彼だけが私を助けてくれた。

He *alone* helped me.

ex. 人はパンだけで生きるものではない。

Man shall not live by bread *alone*.

＊nothing but ＋名詞：～だけ

ex. 聖書に手をのせて彼は真実だけを話すことを誓った。

With his hand on the Bible, he swore to tell *nothing but* the truth.

ex. 私はただ自分の職責を果たしただけです。

I have done *nothing but* my duty.

◆結論を述べる

＊state one's conclusion

＊tell ＋ O ＋ about one's conclusion

→ O に結論について話す

◆述べる

＊express ＋ O：言葉や言葉以外（表情や身振り）で～を表現する・言い表す

ex. 感謝の気持ちをどう言い表していいかわかりません。

I don't know how I should *express* my gratitude.

ex. 彼女の顔を見れば彼女がいかに幸せかがわかった。

Her face *expressed* how happy she was.

＊describe ＋ O：言葉で～を説明する・描写する・記述する

ex. 何が起きたのか話してもらえますか。

Can you *describe* what happened to you?

＊state ＋ O：（意見・考え）～を陳述する・口述する

ex. 彼は何らやましいことはないとの結論を述べるにとどまった。

He only *stated* his conclusion that he had nothing to feel guilty about.

cf. 首相は政治資金問題について明言を避けた。

The prime minister avoided *making* any definite *statement* on the political funds problem.

→ make a statement：陳述する，声明する

＊declare ＋ O：～を言明する・宣言する

ex. 新市長は選挙公約の実行を宣言した。

The new mayor *declared* that he would carry out his campaign pledges.

＊mention + O：～について簡単に・軽く述べる

ex. 簡単にあなたのことを手紙で両親に言っておきました。

I *mentioned* you to my parents in my letter.

＊refer to ～：～に言及する

ex. 誰もその恐ろしい事件のことは口にしなかった。

No one *referred to* that horrible incident.

ex. 私のことを言っているのですか。

Are you *referring to* me?

＊remark + O：～を発言する，言葉を発する

ex.「それはいい考えだ」と彼は言った。

"That's a good idea," he *remarked*.

＊say + O：（言葉・発言内容）～を口に出す

ex. 進退について彼は何も言わなかった。

He *said* nothing about his resignation.

ex. 深刻な不景気は当分続くだろうと言うことだ。

They *say* that a severe recession will continue for some time.

＊tell + O_1 + O_2：O_1 に O_2 を伝える・話す

ex. あなたにその事件のいきさつを一部始終お話しましょう。

I'll *tell* you the whole story of how the matter happened.

→ tell + O_1 + O_2：O_2 に意味の焦点が当たります。

→ tell + O_2 + to + O_1：O_1 に意味の焦点が当たります。

＊tell + O + about ～：O に～について話す

ex. 彼は私にその事故について語った。

He *told* me *about* the accident.

× He told me the accident.

→ O_2 は語る内容となる名詞でなければなりません。

＊tell + O + that ～：O に～を伝える・話す（伝達）

＊tell + O + to-V：O に V するように言う（命令）

ex. 彼から 1 週間以内に仕上げるように言われた。

He *told* me *to* finish it in a week.

＊talk of/about ～：～について話をする（言葉のやりとりをする）

ex. 彼女たちはあれこれと雑談を続けた。

They went on *talking of* one thing and another.

＊talk to/with ～：～に話しかける，～と話をする

ex. 彼らはお互い口をきかなかった。

They didn't *talk to* each other.

＊speak of/about ～：～について人前で一方向的に話をする

ex. 彼女はいつも息子のことでひたすら話をする。

She always *speaks of* her son.

＊speak to/with ～：～に話しかける，～と話をする

ex. 本日，皆さんにお話しできることは光栄です。

It's an honor for me to *speak to* you today.

◆ 納得する

＊S be persuaded of / that ～：S は～を納得する

→ persuade＋O＋of / that ～：O に～を納得させる

ex. 彼は彼女がどれほど悲しんでいるか納得した。

He *was persuaded of* how she was sad.

⇒ 理解・了解する：**understand ＋ O**

⇒ 確信する：**S be convinced of / that ～：S は～を確信する**

→ convince＋O＋of / that ～：O に～を確信させる・納得させる

ex. 彼女が正しいとすぐに確信するでしょう。

You will soon *be convinced that* she is right.

◆ ～してくれる

⇒ わざわざ～してくれる：**take the trouble to-V**

→ trouble：面倒，手数

⇒ 親切にも～してくれる：**be kind enough to-V**

☞ ここでの「～してくれる・くれない」は日本語特有の丁寧表現の一つで，特に訳出する必要はないと判断します。

◆ ～するものだ

⇒（よくあることとして）～するものだ，～することが多い：**S often V**

→ S は総称名詞を表す複数形が用いられます。

ex. 子供はニンジンが嫌いなものだ。

Children *often* dislike carrots.

⇒（必然・習性として）〜するものだ：**S will V**

→ will は必然や習性を表現します。

ex. 事故は起こるものだ。

Accidents *will* happen.

ex. 男の子はいたずらをするものだ。

Boys *will* be boys.

→ 男の子はやっぱり男の子だ

⇒（可能性として）ありうるものだ，時に〜することがある：**S can/could V**（➡ツール編 p.25・2(5)）

ex. 人間のミスが重大な事故につながるものだ。

A human error *can* bring about a serious accident.

ex. どんな偉人でも誘惑に負けることがあるものだ。

Even great men *could* give way to temptation.

⇒（不変性として）〜するものだ：**S V（現在形）**

→ 動作動詞の現在形によって不変性が表現されます（➡ツール編 p.28・3(1)）

ex. 楽をすれば苦労が待っているものだ。

After pleasure *comes* pain.

→ 楽あれば苦あり

→ 通例，文末に置かれる語句（否定語や場所を表す前置詞＋名詞）をあえて文頭に置くことで，それらの語句を強調する表現にすることができます。その際，主語と動詞を倒置します（いわゆる倒置構文）。

Step 3 英文作成

Ⓑ　**No one will probably be convinced of what you mean by merely telling them what your conclusions are.**

⇒「〜するものだ」という表現は，主張文における断定口調を和らげる表現だと判断できます。確信度の高さをいう“will”を用いながら“probably”で語気を和らげることで，そのニュアンスを表現しています（➡ツール編 p.27・2(5)）。

Ⓑ　**It's often difficult to persuade anyone into your idea by mentioning to them nothing but your conclusions.**

⇒ 形式主語を用いた客観的な表現様式です。

⇒ mention A to B：B に対して A について簡単に述べる

⇒ 長い A を後置しています。

Ⓐ **You need to know that your conclusion alone can't often convince anyone of your opinions.**

⇒ "You need to know that ～" の形態をとり，「～するものだよ」という問題文にある助言のニュアンスを表現しています。

⇒ 無生物主語構文を用いて因果関係を明示しています。

⇒ not often：めったに～ない = seldom

Ⓐ **The statement of your conclusion alone doesn't bring other people to the understanding of your opinions.**

⇒ The statement of your conclusion alone ～：**無生物主語構文 + 名詞構文**（➡ツール編 p.55・5(2)）

→ 名詞形が存在する場合には，動名詞（stating）ではなく名詞形（statement）を用いるのが一般的です。

⇒ bring A to B：A を B にもたらす（➡ツール編 p.51・5(1)①）

ex. そのスキャンダルでその俳優は世間の注目を浴びるようになった。

The scandal *brought* the actor *to* public attention.

誰でも自分の考え方を持っているが，それを他人にわかるように伝えるのは難しい。たいていの場合，あまり簡潔に言うよりも，例を挙げたり根拠を示したりして説明するほうがいい。ただ結論を述べるだけでは誰も納得してはくれないものだ。

《ベストアンサー》

While you have your own opinions, you often have difficulty conveying them to other people in a way they can understand them correctly. In most cases, an explanation with some examples or reasons can convey more plainly what you mean to other people than a just brief explanation can. The statement of your conclusion alone doesn't bring other peple to the understanding of your opinions.

【練習問題】 日本語の文意に合うように，次の語句を並べ替えて英文を完成しなさい。なお，文頭にくる語句も小文字で表しています。 （➡解答 p.185）

1．彼の英語はわかりやすい。（１語不要）
plain / speaks / English / he / his

……………………………………………………………………………….

2．彼の解説はわかりやすい。
easy / commentaries / understand / are / to / his

……………………………………………………………………………….

3．英語で意思を伝えるのは難しい。（１語不要）
English / make / it / to / yourself / understood / understand / by no means / is / in / easy

……………………………………………………………………………….

4．彼女の暗い顔つきから彼女が不幸せだということがわかった。（１語不要）
was / conveyed / unhappy / the / dark / that / she / her / looks / fact / from

……………………………………………………………………………….

5．彼が私たちの提案を受け入れると信じるだけの十分な根拠がある。
believing / our / accept / have / proposal / will / reason / for / we / that / he / every

……………………………………………………………………………….

6．今日は雨になりそうだから家にいたほうがいいよ。（1語不足）

home / rain / would / , / for / like / you / it / it / stay / looks / be / to / as

……．

7．それはただの冗談だよ。（1語不足）

is / nothing / joke / it / a

……．

8．彼の推理に誤りがないことを確信した。

was / the / convinced / reasoning / I / truth / his / of / of

……．

9．どうしたら彼女に私の誠意をわかってもらえるだろうか。（1語不足）

sincerity / can / persuade / I / her / how / my

……?

10．彼は私を説きつけて彼流の考え方をさせようとした。（1語不足）

persuade / accept / he / thinking / to / of / me / his / tried / way

……．

実戦演習(3)　以下の日本文を英訳しなさい。（オリジナル）　難易度★★★★

今朝まで降り続いた雪のせいで，自転車に乗れば 30 分で着くところを，高校まで歩いて約 1 時間半かかった。夕方のニュースによれば，ここ数年ぶりの大雪だったとのこと。気軽に外出できるもっとポカポカした気候が待ち遠しい。

直訳的英作文の作例（総合評価・Ⓓ：4点／ 15 点満点）

Owing to the snow which had kept falling by this morning, I will be able to arrive in 30 minutes if I ride a bike, but it took me about one and a half hours to walk to my high school. According to the evening news, it was the heaviest snow in several years. The more comfortably warm weather in which I can go out easily is a long time in coming.

完全NGワード!　**by this morning, in which**（限定用法）

解　説

第1文

◆第 1 文はいかにも逐語的な作文例になっていて，一つのセンテンスとしては長すぎるだけでなく，骨子となる **“日常 ⇔ 非日常”** の対比性もうまく表現できていません。

→ 一つの文に多くの情報をもり込むと情報過多となってしまい，わかりにくい文章になってしまいがちです。多くとも 1 センテンス当たり **30 words** までがわかりやすい英文の目安です。

◆～までに / ～まで：by / till（➡ p.51 語句選択）

◆この作例では「雪のせいで，自転車に乗れば 30 分で到着できる」と “Owing to ～” 以下の結果が，“I will able to ～” だということになります。

◆問題文から自転車通学を習慣にしていると考えるのが自然でしょうから，「自転車に乗れば」を条件節で表現するのは不自然です。

◆“it took me about one and a half hours to walk ～” という表現は，単に事実として約 1 時間半かかったことを客観的に表現するものです（➡ p.54 語句選択）。ここではむしろ非日常的な経験から「やむをえず約 1 時間半かけて歩いて行かなければならなかった」という **“やむをえなさ” を伝える表現**を工夫すべきです。

〈採　点〉

Owing to (−2) the snow which had kept falling by (−2) this morning, I will be able to arrive in 30 minutes if (△) I ride a bike, but it took me about one and a half hours to walk (−2) to my high school.

第2・3文

◆「～によると」を“according to ～”で機械的にあてはめて表現することには注意が必要です（➡ p.57 語句選択）。

◆“The more comfortably warm weather in which ～”：**関係詞の限定用法**を用いて表現すると，「複数のポカポカとした気候の中から簡単に外出できる気候」として気候を特定する不自然な表現になってしまいます（➡ツール編 p.46・4(3)）。

◆“be a long time in coming”は，ある種のあきらめ感を表現するので，問題文の主旨とはズレた表現になります（➡ p.60 語句選択）。“according to ～”と同様に，単語帳や熟語集などで見かけたものを，**その用法や意味も知らずに機械的にあてはめるようなことは最も避けるべき**ことです。

〈採　点〉

According to (△) the evening news, it was the heaviest snow in several years. The more comfortably warm weather in which (−3) I can go out easily is a long timc in coming (−2).

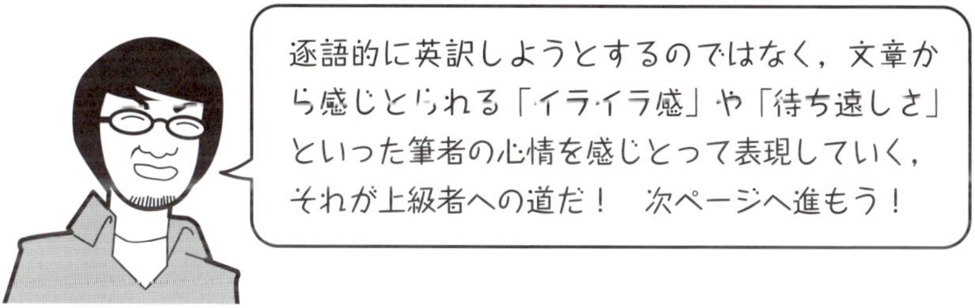

逐語的に英訳しようとするのではなく，文章から感じとられる「イライラ感」や「待ち遠しさ」といった筆者の心情を感じとって表現していく，それが上級者への道だ！　次ページへ進もう！

今朝まで降り続いた雪のせいで，自転車に乗れば30分で着くところを，高校まで歩いて約1時間半かかった。夕方のニュースによれば，ここ数年ぶりの大雪だったとのこと。気軽に外出できるもっとポカポカした気候が待ち遠しい。

全体構成とポイント

＊前半の骨子は，**「普段なら30分で行ける」（日常）ところが，「雪のせいで1時間半かかった」（非日常）**という対比性にあります。この対比性を明確に表現していくことが求められます。

→「1時間半かかった」を単に時間がかかったと事実を伝えるのではなく，文意を的確に表現するためには「やむをえなさ」を表現に入れ込む必要があります。

→ また，「雪」によってそうした非日常的な経験をすることになったわけですから，「雪のせいで」という因果関係も強く表現していきます。

＊さらに後半では，締めくくりとして，**この体験によってわいた暖かい気候への筆者の思い**を伝える文章スタイルにしていく必要もあります。

全体構成の解析

第1文：**30分：自転車**（日　常）⟷ 対比 ⟷ **約1時間半：徒歩**（非日常）⬅ 原因 **降り続いた雪**

＝ ままならない経験

⬇

第3文：**ポカポカしたが気候が待ち遠しい** ＋ **気軽に外出したい**

＝ 思いの表明

第1文 今朝まで降り続いた雪のせいで，自転車に乗れば 30 分で着くところを，高校まで歩いて約 1 時間半かかった。

Step 1 問題文の解析：文章接続＆主語選択

ままならない経験

日常	対比	非日常
＊ 自転車に乗れば30分 で着く	⟷	歩いて約 1 時間半 かかった
		↑原因
		降り続いた雪

⇒対比と因果の要素が同時に入り込んでいるために，一つのセンテンスとしては少し長い文になっています。問題文が長い場合などは，無理に逐語的に英文に直そうとするのではなく，**分割して表現することも一つの有効な手段**です。

⇒ここではその一案として，骨子である **“日常 ⇔ 非日常”** という要素を軸に分割して表現します。

＊主語選択：(1)私　(2)雪　(3)時間の it　(4)天候の it

Step 2 語句選択

◆ ～まで（時間）

＊till ～，until ～

・till ～，until ～（～まで）は主節の行為がその時点まで継続することを表し，一方，by ～（～までに）はその時点までには完了することを示します。

ex. 明日までここにいます。

I'll stay here *until* tomorrow.

cf. 明日までにここに来ます。

I'll come here by tomorrow.

◆ 雪

＊snow

ex. 昨夜は雪が降った。

Snow fell last night. / We had *snow* last night. / It *snowed* last night.

＊snowfall：降雪

ex. この冬北海道は豪雪に見舞われるだろう。

Hokkaido will be hit by a heavy *snowfall* this winter.

◆ ～のせいで（原因）

＊because of ～：主に口語的な表現で用いられます。

ex. 彼らは昨日は大雪のため外出しなかった。

They didn't go out *because of* the heavy snow yesterday.

＝ They didn't go out because it snowed heavily yesterday.

＊due to ～：公式的な表現で，多くの場合 be 動詞の直後で用いられます。

ex. 彼らが遅れて到着したのは大雪のためだった。

Their late arrival was *due to* the heavy snow.

＊owing to ～：公式的な表現で，be 動詞と伴に用いられるのは稀です。

ex. 彼らは大雪のために遅れて到着した。

They arrived late *owing to* the heavy snow.

◆ ～のせいで…できない・…せざるをえない

＊S ＋ prevent / keep ＋ O ＋ from ＋ V-ing

→ Sのために O は V できない（➡ツール編 p.53・5⑴②）。

＊S ＋ cause / compel / force ＋ O ＋ to-V

→ Sのために O は V せざるをえない（➡ツール編 p.50・5⑴①）。

◆ やむをえず～する・～せざるをえない

＊must, have to-V：強い義務ややむをえない事情から～する

→ must：内面から沸き起こる義務の感覚を表します。

→ have to-V：ルールや規則など外的な事情から要請される義務の感覚を表現します。日常会話では意味の強い must よりも，響きが柔らかい have to-V の方が好まれます。

→ やむをえない事情による場合，一般的には have to-V を用いて表現します。

ex. 大雨のせいで列車が発車するまで 1 時間待たざるをえなかった。

I *had to* wait for the train to leave the station for an hour owing to the heavy rain.

＊be compelled to-V, be forced to-V：強制されて〜する

→ force は compel よりも強意的です（➡ツール編 p.51・5(1)①）。

ex. 彼はその男を殺害したと無理やり自白させられた。

He *was forced to* confess having killed the man.

＊have no choice but to-V：行為の選択問題として〜する

→ V する以外の選択肢はない

ex. 人質を解放するために警官隊はやむをえず誘拐犯を射殺した。

The police *had no choice but to* shoot the kidnappers dead in order to release the hostages.

＊cannot help V-ing：抑えられない感情・衝動で〜する

→ help：(can, could と共に）〜を避ける・止めさせる

= cannot but ＋原形（文語的）

ex. 彼の滑稽な仕草に思わず笑ってしまった。

I *could not help* laugh*ing* at his humorous gestures.

＊be reluctant to-V：いやいや〜する

ex. 彼女は彼といやいや映画を見に行った。

She *was reluctant to* go to a movie with him.

cf. be unwilling to-V：〜したくない，〜する気がない

→ reluctant とは異なり，しないことを含意します。

ex. 彼女は彼と映画を見に行きたくない。

She *is unwilling to* go to a movie with him.

→ 行かないことを含意します。

＊V 〜 against one's will：心ならずも・不本意ながら〜する

ex. 彼は不本意ながらもその任務の責任を引き受けた。

He undertook responsibility for the task *against his will.*

◆ 〜へ着く

＊get to 〜：達する，至る（到着点に関心が置かれます）

＊reach 〜：時間をかけて苦労や努力の末に着く（原義は「手を伸ばす」）

＊arrive at / in 〜：人や物，交通機関などが到着する（原義は「岸に着く」）

◆ 学校へ歩いて行く

＊go to school on foot

→ 自転車で，電車で，車で，飛行機で：by bike, by train, by car, by air

＊walk to school：徒歩通学する

→教育の意味での学校：school（不可算名詞）

→施設・建物としての学校：a school（可算名詞）

◆ **OがVするのに時間・労力・金銭などがかかる**

＊It takes + O（人）＋時間・労力・金銭など＋ to-V

ex. この絵を描くのに２年かかった。

It took me two years to draw this picture.

→客観的に２年かかったことが表現されます。

＊It takes ＋時間・労力・金銭など＋ for O（人）＋ to-V

→to-V の意味上の主語を意識する表現です。

ex. 私がこの絵を描くのに２年かかった。

It took two years for me to draw this picture.

＊S（人・物・行為）＋ take ＋時間・労力・金銭など＋ to-V

→さらに主語に焦点を当てる表現になります。

ex. この絵を描くのに２年かかった。

I took two years to draw this picture.

→「私」に焦点が当たり，「私が２年をかけた」という意味になります。

This picture took me two years to draw.

→「この絵」に焦点が当たり，「この絵は描くのに２年を要した」という意味になります。

Drawing this picture took me two years.

→「この絵を描く」という行為に焦点が当たり，「この絵を描くことは２年を要した」という意味になります。

Step 3 英文作成

Ⓑ **It usually takes thirty minutes to go to my high school by bike. But the snow which continued to fall till this morning compelled me to walk this morning. Therefore, I had to take about one and a half hours to go there.**

⇒**日常**：“usually”・“by bike” ⇔ **非日常**：“this morning”・“walk” を軸に分割して対比性を明示しています。

⇒S compel＋O＋to-V：S（抗しがたい力）によってOに～させる（➡ツール編 p.51・5 ⑴①）

Ⓑ **Usually, I can go to my high school in thirty minutes by bike. The snow which fell all night, however, prevented me from riding there as usual. As a result, this morning I had to walk and take about one and a half hours.**

⇒S＋prevent＋O＋from V-ing：Sによって O は～できない（➡ツール編 p.53・5⑴⑵）

Ⓐ **I can normally get to school in thirty minutes by bike. However, this morning the snow was still falling, so I had no choice but to walk. As a result, I had to take about one and half hours.**

⇒「雪が降った→徒歩で行くしかなかった→1時間半かけなければならなかった」と**出来事を発生順**に表し流れをつくっています。時系列で表現するメリットは，流れがスムーズになり，読み手が理解しやすくなることにあります。

《発展レベル》

This morning, it was still snowing so heavily that I had to take about one and a half hours to walk to my high school. If it had not snowed so heavily, I could have arrived there by bike in thirty minutes.

⇒**so ～ that 構文**を用いることでスムーズな流れをつくりながら結果へとつなげています。

⇒前半：現実（main sentence）・後半：仮定（support sentence）として，仮定法による**MSアプローチ**（➡ツール編 p.14・1⑶）の表現様式をとっています。

This morning, it was still snowing so heavily that I had to take about one and a half hours to walk to my high school. If I had been able to ride a bike as usual, I could have arrived there in thirty minutes.

⇒同じく仮定法によるMSアプローチの表現様式です。

第2文　**夕方のニュースによれば，ここ数年ぶりの大雪だったとのこと。**

第3文　**気軽に外出できるもっとポカポカした気候が待ち遠しい。**

Step 1 問題文の解析：文章接続＆主語選択

筆者の思いの表明

第2文

＊**夕方のニュースによれば，**

今朝まで降り続いた雪　＝　ここ数年ぶりの大雪だった

説明

＊**主語選択**：(1)ニュース　(2)雪

第3文

＊**気軽に外出できるもっとポカポカした気候が待ち遠しい。**

⇒関係詞を用いて表現する場合，**限定用法**（複数個ある中からの特定）か，それとも**継続用法**（特定のものに対する補足説明）を用いるのか検討する必要があります（➡ツール編 p.49・4⑶④）。

⇒**限定用法**を用いると，「ポカポカした気候の中で気軽に外出できるポカポカした気候」と，複数個あるポカポカした気候のうちで，特定のポカポカした気候を表現することになってしまいます。

⇒関係詞を用いて表現する場合，ここでは**継続用法**を用いて，「ポカポカとした気候」に対して補足説明をする表現にするほうがより的確です。

⇒あえて問題文にとらわれずに，「ポカポカした気候が待ち遠しい」ことを先にいい，そうした気候のもとで「もっと気軽に外出したい」と，ままならない経験からわき出た筆者の思いをよりストレートに表現するスタイルも考えることができます。

＊**主語選択**：私

Step 2 語句選択

◆ ニュースによると

＊the news says that ～

＊S hear on the news that ～

→ニュースが伝えたのは時制的には過去のことですが，より臨場感をもたせるために現在形で表現することがあります。ただし hear, learn, say, tell などの伝達に関する動詞に限られる用法です。

ex. 今日の新聞によると，消費税の増税により個人消費が落ち込んでいるらしい。

Today's paper says that the consumption tax increases have depressed consumer spending.

◆ ～によると

＊according to ～：(1)～によると (2)～に従って

→ "according to ～" には「～に従う」というニュアンスがあり，権威ある情報源であることを示します。

ex. 天気予報によると，明日は雪だ。

According to the weather forecast, it will snow tomorrow.

The weather forecast says that it will snow tomorrow.

◆ ～ぶり

⇒ 気候・自然現象・社会現象：最上級 + in ～

ex. 今年は 10 年ぶりの暑さだ。

This is *the hottest summer in* ten years.

ex. 久しぶりの好天気だ。

It's *the first fine weather in* quite a while.

ex. 今日の株式市場は 3 年ぶりの高値で終わった。

The stock market closed today at *the highest price in* three years.

⇒ 経験：for the first time in ～

ex. そのテニス選手は 5 年ぶりに優勝した。

The tennis player won the tournament *for the first time in* five years.

ex. 久しぶりに東京を訪れた。

I visited Tokyo *for the first time in* a long time / *in* many years.

I visited Tokyo after a long time.

⇒ 再会：**after ~ separation / absence / interval**

ex. 彼は10年ぶりに父に会った。

He met his father *after* a ten-year *separation*.

ex. 彼は3年ぶりに帰省した。

He returned home *after* three years' *absence / after an interval of* three years.

⇒ 通信：**after ~ silence**

ex. 数年ぶりに旧友から手紙が届いた。

An old friend wrote to me *after* several years' *silence*.

⇒ 時の経過：**after ~**

ex. 彼らは全員10日ぶりに救出された。

They were all rescued *after* ten days.

◆ 気軽に

＊easily：気楽に　**＊freely**：自由に　**＊readily**：容易に

⇒ 楽しく：**happily, pleasantly, delightfully, joyfully, enjoyably** （➡実戦演習(7) p.121・語句選択）

◆ 外出する

＊go out

◆ ポカポカする

⇒ 人がぽかぽかと感じる

＊feel comfortably / pleasantly warm

＊feel nice and warm

ex. 春の日差しがぽかぽかと気持ちがいい。

I *feel comfortably warm* in the spring sun.

ex. 毛布にくるまっているとぽかぽかしてくる。

A blanket makes you *feel nice and warm*.

⇒ 気候がぽかぽかする

＊get comfortably / pleasantly warm

ex. 日差しがぽかぽかしてきた。

The sun is *getting comfortably warm*.

It's *getting pleasantly warm* and sunny.

◆ 気候

＊climate：気候・風土

ex. ハワイの穏かな気候が私には合っている。

The temperate *climate* in Hawaii agrees with me.

＊weather：天気・天候・気象

→一般的な意味の天候という場合は無冠詞で，ある時点の特定の天候ならば定冠詞をつけて表現します。

ex. 私は暑い天気が好きだ。

I like hot *weather*.

ex. 今日はいい天気だ。

The *weather* is lovely today.

◆ 待ち遠しい

＊just can't wait for ～：とても待てない

→just can't ＋ V：とても～できない

ex. 私は彼に会うのが待ち遠しい。

I *just can't wait for* seeing him.

＊wait impatiently for ～，be impatient for ～：待ちわびる

→impatiently，impatient は我慢できない待ち遠しさを表現します。

ex. 彼女は息子の帰りを待ちわびていた。

She was *waiting impatiently for* her son's return.

ex. 子供たちにはクリスマスが待ち遠しい。

The children *are impatient for* Christmas.

＊wait eagerly for ～：待ち望む

→eagerly：熱心に，しきりに

ex. 母親は息子が帰るのを今か今かと待っていた。

The mother was *waiting eagerly for* her son to come home.

＊look forward to ～：楽しみにして待つ

ex. 子供らはクリスマスを楽しみにしている。

The children are *looking forward to* Christmas.

＊long for ～：待ちこがれる

→実現が困難なことをしきりに望む・待ちわびる

ex. 人々は平和を待ちこがれていた。

People were *longing for* peace.

ex. 彼は彼女が会いに来てくれることを待ちこがれています。

He's *longing for her to* come to see him.

→ long for ～ to-V：～が V することを待ちこがれる

⇒ **待つには時間がかかる：S is a long time in coming**

→「S が来るにはかなり時間がある」との意から，「当分訪れそうにないのが現状である」といったある種のあきらめ感を表現することになります。

ex. 宇宙旅行ができる日はまだ遠い先の話だ。

The day when we can travel in space will *be a long time in coming*.

→「宇宙旅行が実現するには長い時間がかかるだろう。」

Step 3 英文作成

Ⓑ **The evening news said that it was the heaviest snow in several years. I'm looking forward to a warm climate, which allows me to go out easily.**

⇒ "look forward" は「楽しみに待っている」ことを表します。ここでは楽しみというよりも，むしろ「早く来てくれないかな」といった苛立ち感を表現するべきです。

Ⓐ **The evening news says that it is the heaviest snowfall we have had in the past several years. I'm impatient for mild weather, which lets me go out freely.**

⇒ "impatient" でイライラ感を表現しています。

⇒ let＋O＋原形：O に～させる（許可）

→ O に意志があり，それを許可する場合に用います。

ex. 彼は息子が留学したいというので，アメリカへ行かせた。

His daughter wanted to study abroad, so he *let her go* to America.

⇒ "freely" で雪のせいで制約や束縛を受けたことからの「解放」を意識しています（➡p.200 コラム(2)②）。

Ⓐ **The evening news says that it is the heaviest snowfall we have had in the past several years. I'm impatient for a warm climate, and in such a climate I'd like to go out freely.**

⇒「気軽に外出したいな」と，ままならない経験から出た筆者の思いで締めくくっています。

今朝まで降り続いた雪のせいで，自転車に乗れば30分で着くところを，高校まで歩いて約1時間半かかった。夕方のニュースによれば，ここ数年ぶりの大雪だったとのこと。気軽に外出できるもっとポカポカした気候が待ち遠しい。

《ベストアンサー》

I can normally get to school in thirty minutes by bike. However, this morning the snow was still falling, so I had no choice but to walk. As a result, I had to take about one and half hours. The evening news says that it is the heaviest snowfall we have had in the past several years. I'm impatient for a warm climate, and in such a climate I'd like to go out freely.

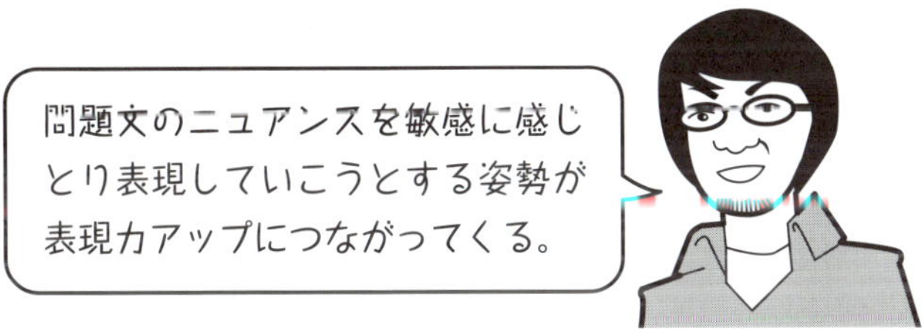

問題文のニュアンスを敏感に感じとり表現していこうとする姿勢が表現力アップにつながってくる。

【練習問題】 日本語の文意に合うように，次の語句を並べ替えて英文を完成しなさい。なお，文頭にくる語句も小文字で表しています。 （➡解答 p.186）

1．事故は彼の不注意な運転が原因だった。（1語不足）
the / driving / occurred / careless / accident / his / owing

....

2．彼に1時間半待たされた。（1語不要）
I / me / waiting / hours / half / for / he / one / a / and / kept

....

3．そう言うしかなかったんだ。（1語不足）
no / say / choice / to / I / had / so

....

4．そう言わされたんだ。（1語不足）
say / compelled / I / to / so

....

5．彼の発言に一同驚くほかなかった。（1語不足）
surprised / could / said / we / he / help / not / at / what

....

6. 彼は忙しいときでも嫌な顔ひとつ見せずに会いに来てくれます。（1語不要）
even / he / he / never / is / shows / show / see / coming / any / in / to / me / when / busy / reluctance

....

7. 電話してくれるだけでいいよ。
phone / is / it / takes / a / call / all

....

8. 彼は10年ぶりに父に会った。
interval / ten / met / he / his / of / after / an / years / father

....

9. 私にできることがあれば気軽におっしゃってください。
is / anything / hesitate / I / please / do / don't / to / if / ask / can / there

....

10. あなたの帰りがとても待ち遠しいです。
think / nothing / your / of / I / but / return

....

実戦演習⑷　以下の日本文を英訳しなさい。（オリジナル）　**難易度★★☆☆**

冷たいコーヒーを飲もうと私は喫茶店を探した。しかし，物事は思うようにはいかず，探しているときには見つからないものだ。普段はやたらと目につくが，不思議なことに，そういうときにはまるで街から消えてしまったようにない。

直訳的英作文の作例（総合評価・Ⓔ：３点／15点満点）

I wanted to drink a glass of cold coffee, so I looked for a coffee shop. But things don't go as I think and I can't find it when I'm looking for it. Usually so many coffee shops are noticeable, but strangely enough, at such time, there are no coffee shops as if it disappeared from the town.

完全NGワード!　**things don't go, as I think, as if ~ disappeared**（仮定法過去）

解　説

第１文

◆この文では特に減点するところはありません。

〈採　点〉

I wanted to drink a glass of cold coffee, so I looked for a coffee shop.

第２文

◆"things don't go"（物事は行かない）というのは不自然な表現です。go well（うまくいく）などを用いて表現しなければなりません（➡**実戦演習⑸ p.84・語句選択**）。

◆「思うように」は "as S wish / hope / want" などの希望・欲求を表す動詞を用い，通例，"think" は用いません（➡ **p.68 語句選択**）。

◆"and"（等位接続詞）は，⑴同時性，⑵時系列を表します。「物事は思うようにはいかず，探しているときには見つからないものだ」との２文の間にはそうした関係性がないので，これらの２文を "and" で結ぶことはやや不適切な表現になってしまいます。

◆"it" は前出の特定された単数名詞を受け，不特定の単数名詞は "one" で受けます。

〈採　点〉

But [things don't go](−2) as I think(−1) and(−2) I can't find it when I'm looking for it(−1) .

第3文

◆"noticeable"：目立つ，注目に値する（➡ p.71 語句選択）。

◆"but" を繰り返し用いる表現はできるかぎり避けたい表現です。

◆"at such time" としても英文では指示対象が不明となってしまいます。ここでは「必要としているとき」などと言い換えて表現する必要があります（➡ p.73 英文作成）。

◆"as if" を用いる場合，時制の扱いについて，通常の仮定法とは異なった考えをするので注意が必要です（➡ p.71 語句選択）。

〈採　点〉

Usually so many coffee shops are noticeable(△), [but](−2) strangely enough, [at such time](−2), there are no coffee shops as if it disappeared(−2) from the town.

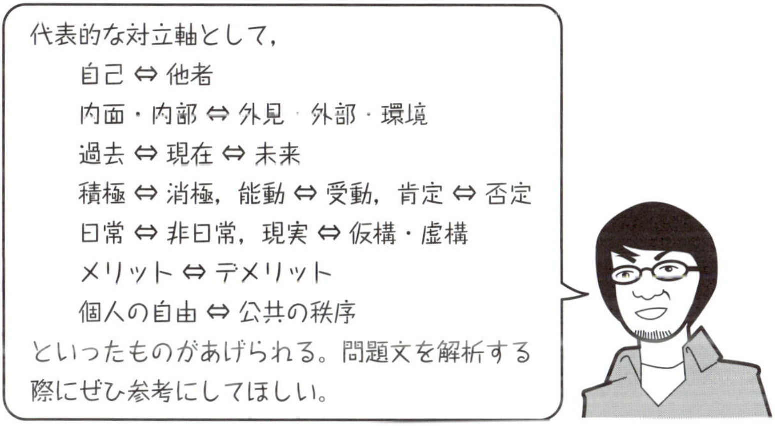

代表的な対立軸として，
自己 ⇔ 他者
内面・内部 ⇔ 外見・外部・環境
過去 ⇔ 現在 ⇔ 未来
積極 ⇔ 消極，能動 ⇔ 受動，肯定 ⇔ 否定
日常 ⇔ 非日常，現実 ⇔ 仮構・虚構
メリット ⇔ デメリット
個人の自由 ⇔ 公共の秩序
といったものがあげられる。問題文を解析する際にぜひ参考にしてほしい。

冷たいコーヒーを飲もうと私は喫茶店を探した。しかし，物事は思うようにはいかず，探しているときには見つからないものだ。普段はやたらと目につくが，不思議なことに，そういうときにはまるで街から消えてしまったようにない。

全体構成とポイント

＊この問題文の面白さは，「普段（必要とされないとき）はやたらと目につく一方で」（**日常**），「いざ必要となれば見当たらなくなる」（**非日常**）という対比性にあります。この対比性をいかに効果的に表現できるかが，より英文らしく表現するためのポイントになります。

全体構成の解析

第1文：コーヒーを飲もうと喫茶店を探したが（経験談）

↕ 逆　接

第2文：探しているときには見つからないものだ（一般論）

‖ 換　言

第3文：いざというときは見つからない ⟺ 普段はやたらと目につくが

（非日常）　逆　接　（日　常）

普段，必要としないときにはたくさんあって，いざ必要となるときには手に入れることができなくなる。誰もが経験する物事の皮肉な一面をついた面白い問題文だ。
前問もそうだったように，「日常⇔非日常」の対立軸をもとに，いかに対比関係を明確に表現していくか，本問題文の大きなテーマだ。

第1文 冷たいコーヒーを飲もうと私は喫茶店を探した。

第2文 しかし，物事は思うようにはいかず，探しているときには見つからないものだ。

Step 1 問題文の解析：文章接続＆主語選択

経験談

第1文

＊冷たいコーヒーを飲もうと ➡ 私は喫茶店を探した

⇒「飲もうと→探した」は，以下のようにつないでいくことができます。

① 時系列：飲みたくなって，そして探した

② 結　果：飲みたくなって，それで探した

③ 理　由：飲みたくなったので探した

④ 目　的：飲むために探した

＊主語選択：私

⬍

一般論への言い換え

第2文

＊物事は思うようにはいかず ➡ 見つからないものだ

⇒「物事は思うようにはいかないように」と as S V（様態）を用いる，あるいは後文を前文の補足説明文（MS関係（➡ツール編 p.14・1(3)）として捉え，２文に分割するなどしてつないでいきます。

＊主語選択：(1)私　(2)物事　(3) you（一般論）

Step 2 語句選択

◆ 冷たいコーヒー

＊**cold coffee, iced coffee**

◆ 喫茶店

＊**a coffee shop, a cafe, a tearoom**

◆ 探す

＊look for ～：人・物・事を探す

→ 探す：欲しいものを探す

＊seek＋O：人・物・事を探し求める

→ look for よりもかたい言い方

＊search for ～：物を広範囲にくまなく捜す

→ 捜す：見えなくなったものを捜す

＊try to find＋O：～を見つけ出そうとする

→ find：物を偶然に見つける，努力によって人・物を見つける

◆ 物事

＊things

ex. 物事はありのままに見たほうがいいよ。

You should see *things* as they are.

◆ 思うようにいく

＊S go the way S′ want S to：S′が思うようにSがいく

ex. 人生とは思うようにはいかないものだ。

Life doesn't *go the way* you *want* it *to*.

→ 直訳：「人生とはあなたが人生に行ってほしいと思う方向には行かない。」

→ Life doesn't go [in] the way. ＋ You want it [＝life] to go [in] the way.

→ want＋O＋to-V：OにVしてほしい

→ to は代不定詞で，go が省略されます。

◆ 思うように

＊as S wish / hope / want：Sが思うように

→ as S V：～のように（様態）（➡ツール編 p.58・5(4)）

→ wish：実現が困難で可能とは思えない願望

hope：実現の可能性があり可能だと信じる願望

want：欠乏からくる強い願望

◆ 見つからない

⇒ どこにも見つからない：**be nowhere to be found**

ex. その埋蔵物はどこにも見つからなかった。

The buried treasure *was nowhere to be found.*

≒ We couldn't find the buried treasure anywhere.

→ nowhere：どこにも～ない

→ be＋to-V：（通例，否定文で）～できる（可能）

◆ ～するものだ

➡p.43 実戦演習⑵・語句選択

Step 3 英文作成

Ⓑ **I looked for a cafe to drink a glass of iced coffee. However, things don't often go well as you hope. It is always very difficult to find a cafe when you are looking for one.**

⇒ go well：物事がうまくいく （➡実戦演習⑸ p.84・語句選択）

⇒ not often：めったに～ない＝ seldom

Ⓐ **I wanted to drink a glass of iced coffee, so I was looking for a coffee shop. However, things don't go as well as I want them to. I often realize that it is very difficult to find any coffee shop whenever I need one.**

⇒「私」の経験談として統一しています。

⇒ さらに「探しているとき」の意味を少し掘り下げて考えてみると，この表現の背後には，単に探しているというよりも，「欲しいとき，必要なときには」という意味が含まれていることがわかります。そこで「探しているとき」の繰り返しを避けて，「必要とするときには」と言い換えています。

Ⓐ **I felt like some iced coffee, so I was looking for a coffee shop. However, things rarely go the way I want them to. Coffee shops are nowhere to be found whenever they are needed.**

⇒ feel like＋名詞：（飲食物などが）欲しい気がする

第3文　普段はやたらと目につくが，不思議なことに，そういうときにはまるで街から消えてしまったようにない。

Step 1 問題文の解析：文章接続＆主語選択

第2文の補足説明文

＊普段はやたらと目につくが ➡ 消えてしまったようにない

⇒「普段はやたらと目につくが」の「が」は**逆接の「が」**ですが，前文で逆接マーカーを使っていることから，ここでは「普段」と「そういうとき」を**対照**関係あるいは**譲歩**関係として捉えて表現していきます。

対照・譲歩

普段は（日常） やたらと目につく（A項） ⬌ そういうときには（非日常） 消えてしまったようにない（B項）

＊**主語選択**：(1)私　(2)喫茶店

Step 2 語句選択

◆ 普段

⇒ いつもは（日常）：**usually**

ex. 普段は6時に起きるのだが，その日に限っていつもより遅く目が覚めた。

I *usually* get up at six, but on that particular day I woke up later than usual.

⇒ たいていは（通常）：**ordinarily**

→ usually に比べて使用頻度は低いです。

ex. 普段昼食にワインを一杯飲みます。

I *ordinarily* drink a glass of wine at lunch.

⇒ 普通は（正常）：**normally**

ex. 普段彼は夜更かしをしない。

He doesn't *normally* sit up late.

◆ やたらと

⇒ かなり多く：**too much**

⇒次から次に：**one after another**

⇒いたる所で：**everywhere, here and there, all over the place**

◆目につく

⇒よく目にする：**often see＋O**

ex. これは街でよく目にする光景だ。

This is a scene I *often see* on the street.

⇒目立った：**conspicuous（人目を引く）, outstanding（傑出した・優れた）, noticeable（目立つ・注目に値する）**

◆不思議なことに

＊**strangely [enough]：不思議なことに**
＊**oddly enough：奇妙なことに**
＊**mysteriously：不可解なことに**
＊**amazingly：驚くべきことに**

◆消える

＊**disappear：見えなくなる，姿を消す**
＊**vanish：突然に・不可解に消える**
＊**be gone：いなくなる，過ぎ去った**
＊**go out of sight：見えなくなる**

◆まるで～であるかのように

＊**as if ～**

⇒**仮定法**で表現すると，事実ではないと疑っている，あるいは実際にはそうではないと分かっているがそう思えることを表すことになります。

⇒仮定法過去の場合，通例，動詞は状態動詞が用いられます。

① as if 節内で仮定法過去を用いる

(1)主節の動詞が現在形の場合，as if 節内は現在の内容を表します。

ex. 彼はまるですべてを知っているかのように話をする。

He *talks* as if he *knew* everything.

→彼がすべてを知っているかどうか確信がないこと，あるいは彼がすべては知らないことがわかっていることを表します。

(2)主節の動詞が過去形の場合，as if 節内は過去の内容を表します。

ex. 彼はまるですべてを知っているかのように話をした。

He *talked* as if he *knew* everything.

② as if 節内で仮定法過去完了を用いる

(3)主節の動詞が現在形の場合，as if 節内は過去の内容を表します。

ex. 彼はまるで以前に会ったことがあるかのように誰にでも話しかける。

He *talks* to anyone as if he *had seen* them before.

(4)主節の動詞が過去形の場合，as if 節内は過去の過去（大過去）の内容を表します。

ex. 彼はまるで何事もなかったかのように私に話しかけてきた。

He *talked* to me as if nothing *had happened*.

③ as if＋現在形・現在完了形：確信度の比較的高い推測を表します。

ex. これは妙案のようだ。

It sounds as if this *is* a good idea.

ex. 雪がやんだようだ。

It looks as if it *has stopped* snowing.

④ as＋形容詞・副詞＋ as if ＋仮定法（仮想比較）

ex. 彼はフランス語をまるで母国語のように流暢に話す。

He speaks French *as fluently as if* it *were* his mother tongue.

ex. 彼女はまるで実母を失ったかのように激しく泣いていた。

She was weeping *as bitterly as if* she *had lost* her own mother.

Step 3 英文作成

Ⓑ **Usually, I see a lot of coffee shops all over the place. Strangely enough, when looking for one, I can't find any coffee shops as if they had all disappeared from the town.**

⇒ 2文を接続語句を用いずに，“usually”（必要でないとき）⇔ “when [I was] looking for one (= a coffee shop)”（必要なとき）によって対照関係を表現しています。

⇒ “as if ～” 内の時制は，ここでは “disappear” が動作動詞であると同時に，「探すと消える」（仮定法過去）ではなく，「探すと消えていた」（仮定法過去完了）としなければなりません。

Ⓑ **Normally so many coffee shops appear all over the place. Amazingly, whenever I look for one, they seem to have disappeared from the town.**

⇒ “appear ⇔ disappear” によって対照関係を表現しています。

⇒ seem to have p.p.：～したように見える

Ⓐ **When I don't need one, I always see a lot of coffee shops all over the place. Strangely enough, when I do need one, I can't find any coffee shops as if they had all vanished from the town.**

⇒「普段＝必要としないとき」: "when I don't need one" ⇔「そういうとき＝必要とするとき」: "when I do need one" (do を入れることで強調しています) と解釈して表現しています。

⇒ S all : すべての S

→ be 動詞や助動詞とともに用いられる場合は，通例，"S be all"，"S 助動詞 all V" の形をとります。

Ⓐ **There seems to be so many coffee shops here and there when I don't need one. Mysteriously, when I do need one, there are really no coffee shops to be found as if they had all disappeared from the town.**

⇒ "A 項 : There seems to be so many coffee shops ⇔ B 項 : there are really no coffee shops"

→ A 項の事柄が "seem" を用いて主観的な推量や判断であることを示し，B 項では "really" を用いて対比的に事実性を強めています (➡ツール編 p.26・2(5))。

→ there 構文を用いることで，「喫茶店」の存在の有無を強調して表現しています。

→ no coffee shops to be found (➡ツール編 p.39・4(1)①)

冷たいコーヒーを飲もうと私は喫茶店を探した。しかし，物事は思うようにはいかず，探しているときには見つからないものだ。普段はやたらと目につくが，不思議なことに，そういうときにはまるで街から消えてしまったようにない。

《ベストアンサー》

I felt like some iced coffee, so I was looking for a coffee shop. However, things rarely go the way I want them to. Coffee shops are nowhere to be found whenever they are needed. There seems to be so many coffee shops here and there when I don't need one. Mysteriously, when I do need one, there are really no coffee shops to be found as if they had all disappeared from the town.

【練習問題】 日本語の文意に合うように，次の語句を並べ替えて英文を完成しなさい。なお，文頭にくる語句も小文字で表しています。 （➡解答 p.187）

1．彼は人生の答えを懸命に探し求めた。

answer / life / sought / he / his / an / to

…….

2．私は本心が表れていないか彼女の顔色をうかがった。

sign / for / feelings / her / a / face / searched / of / her / I / true

…….

3．彼はいつも物事を思いどおりにやろうとする。

way / he / to / do / wants / things / his / always

…….

4．鍵はどこにありましたか。

key / found / where / have / my / you

……?

5．普段，日曜日は家にいます。

Sundays / house / I / my / am / usually / in / on

…….

6．普段やっていることをやりなさい。

you / do / do / what / normally

....

7．普通なら学校まで歩いて20分です。

normally / walk / takes / to / to / school / 20 minutes / it

....

8．学生たちがやたらとその建物に入っていくのが見えた。

after / students / into / one / the / the / going / saw / I / building / another

....

9．これまで様々な生き物たちが地球上から消えていった。

earth / vanished / forms / life / have / from / of / the / many

....

10．彼は私が実母であるかのように私のことを慕ってくれた。

attached / mother / as / as / to / I / he / his / me / if / was / were / own

....

実戦演習(5)　以下の日本文を英訳しなさい。（オリジナル）　**難易度★★★★**

4月からはいよいよ大学生になるので，親元を離れて，アパートを借りることにしました。これまで受験勉強では何度もうまくいかず，くじけそうになったこともありましたが，夢に向かって努力し続けることで，自分を大きく成長させることができました。一人暮らしが自立する良いチャンスとなって，さらに自分を成長させていけたらと思っています。

直訳的英作文の作例（総合評価・Ⓓ：13点／30点満点）

Because finally I will become a college student from April, I decided to leave my home and rent an apartment. I haven't gone well so far many times in preparing for the entrance examination, so I have been almost discouraged, but I could mature myself by continuing to make efforts toward my dream. I think that living by myself will be a good chance to be independent and I want to grow me.

完全NGワード!　**because, could, I think**

解　説

第1文

◆ここで “because” を用いると「親元を離れるのは大学生になるからだ」と親元を離れることへの理由説明がこの文の主情報になってしまいます。**“because” は主情報を表し，通例，文末に置かれます。**「4月から大学生になる」ことは，問題文の主旨（努力の末に自分を大きく成長させることができた）からして，強調すべき主情報ではありません。

◆“finally” は最終的で次はないことを含意します（➡ p.79 語句選択）。

◆「未来に〜になる」という場合，通例，“become” ではなく “be” を用います。

◆“decide” は「よく考えた上での決意・決断」，“determine” は「固い決意」，“resolve” は「最後までやり抜く決意」をいいます。decide < determine < resolve の順で意味が強くなりますが，ここでの「〜することにしました」は，決意や決断というよりも，軽く意図（〜するつもり）や予定を述べる表現でよいでしょう（➡ p.80 語句選択）。

〈採 点〉

(−3) Because (−1) finally I will (−1) become a college student from April, I (△) decided to leave my home and rent an apartment.

第2文

◆"go well" は「物事がうまくいく」ことを表します（➡ p.84 語句選択）。

◆"so far" は「これまでのところは」との意で,「先のことはわからない」ことを含意します（➡ p.83 語句選択）。

◆逐語的に "so ~ but …" とつないでいくと，英文としてはかなり冗長となってしまうので避けたい表現です。

◆「～できた」の意の "could" は通例，過去の一般的な能力をいう場合などを除いて，肯定文では用いられません（➡ p.89 語句選択）。

◆"by"（原因・手段）によって因果関係を強調していますが,「自分を大きく成長させることができた」ことは「意図された結果」ではないので，因果関係を明示する表現は不自然です（➡ p.87 問題文解析）。

〈採 点〉

I haven't (−1) gone well (−1) so far many times in preparing for the entrance examination, so I have been almost discouraged, (−2) but I (−2) could mature myself (−2) by continuing to make efforts toward my dream.

第3文

◆ここでの「思います」は希望や決意表明を表現するものと解釈すべきで，語気を和らげる "I think" を用いるのは不自然です（➡ p.92 語句選択）。

◆"independent" だけでは何からの自立なのかはっきりしません。通例, "independent of ~" の形で用います。

◆"grow" は通例, 自動詞（成長する）で用いられ, 他動詞（～を成長させる）では農作物や植物, 事業など人間以外に用いられます。

〈採 点〉

(−2) I think that living by myself will be a good chance to be (−1) independent and I want to (−1) grow me.

４月からはいよいよ大学生になるので，親元を離れて，アパートを借りることにしました。これまで受験勉強では何度もうまくいかず，くじけそうになったこともありましたが，夢に向かって努力し続けることで，自分を大きく成長させることができました。一人暮らしが自立する良いチャンスとなって，さらに自分を成長させていけたらと思っています。

全体構成とポイント

＊全体でそれぞれ４箇所ある因果関係と対比関係を，いかに強弱をつけて表現できるかがポイントになります。

⇒**序　論**：①「４月からはいよいよ大学生になるので（**理由**），親元を離れて，アパートを借りることにした（**結果**）」。

⇒**本　論**：受験勉強をふり返って，②「これまで何度もうまくいかず（**理由**），くじけそうになったこともあった（**結果**）が」（**逆接**），③「夢に向かって努力しつづけることで（**理由**），自分を大きく成長させることができた（**結果**）」。

⇒**結　論**：④「一人暮らし＝自立する良いチャンスとなって（**理由**），さらに自分を成長させていきたい（**結果**）」。

全体構成の解析

弱い因果
第1文　**序　論：大学生になるので　→　アパートを借りることにした。**

↓

弱い因果
第2文　**本　論：何度もうまくいかず　→　くじけそうになったが，**

↕ 逆接

夢に向かって努力し続け　⇒　自分を成長させることができた。
強い因果

↓

第3文　**結　論：一人暮らし　＝　自立するチャンス　⇒　さらに成長させていきたい。**
強い因果

第1文 **4月からはいよいよ大学生になるので，親元を離れて，アパートを借りることにしました。**

Step 1 問題文の解析：文章接続＆主語選択

序　論

＊**大学生になるので**（理由） ➡ **親元を離れて，アパートを借りることにしました**（結果）

⇒一人暮らしによる自立が本問題文のテーマですから，ここで理由を強調する必要はありません。結果へ焦点を当てるなどの表現にします。

＊**親元を離れて** ➡ **アパートを借りる**

⇒軽く時系列（～ and [then]…）などで表現すればよいでしょう。

＊**主語選択**：私

Step 2 語句選択

◆**いよいよ**

⇒「いよいよ」は大別して次の２つの意味をもちます。

①いよいよついに：予想していたことが最終的に実現される段階に至ったことを表します。

②いよいよこれから：予想していたことが始まろうとする段階に至ったことを表します。

☞「これまでの受験勉強の末についに大学生になった」（最終的な実現）というニュアンスを入れ込んでもよいですが，「４月から」（未来への起点）という語句があることから，「これから」というニュアンスを優先します。

①ついに：at last，finally，eventually，in the end

＊**at last：待ち望んでいたこと，努力の末であることに重点があります。望ましくない結果を表す時には用いられません。**

ex. ついに春が来た。

At last spring has come.

＊finally：長い期間を経て，最終的にとうとうというニュアンスを表します。

ex. 彼はとうとう犯行を自供した。

He *finally* confessed his crime.

＊eventually：長い期間を経て，結果的にようやくというニュアンスを表します。

ex. ようやく彼らはゴールインした。

They *eventually* got married.

＊in the end：結末としてついにというニュアンスを表します。

ex. ついにその計画は失敗した。

The plan failed *in the end.*

→ at last を用いれば失敗を待ち望んでいたニュアンスが表現されます。

②これから：now

ex. いよいよ僕の番だ。

Now, it's my turn.

◆ 大学生になる

＊be a university/college student

⇒ 大学に入学する：**get into university/college，enter university/college**

◆ 親元を離れる

＊leave home，leave one's parents' home

◆ 借りる

＊borrow：移動可能なものを無料で借りる

＊rent：使用料を払って借りる

◆ ～することにしました

⇒ ～するつもり・～する予定だ（意志・意図・予定）

＊will

①推量：～するだろう（予兆なし・確信度の高い推量）

ex. 明日は雨だろう。

It'*ll* rain tomorrow.

②意志：～するつもり（発話の場での）

→ 前もっての意志ではなく，発話の場で生じた意志や判断を表します。

ex. 絶対に東京大学へ行ってみせるぞ。

I *will* go to the University of Tokyo.

→主語が1人称で短縮形にせず will に強勢を置いて強い意志を表します。

ex. 私は必ず戻って来る。

I'*ll* be back. / I shall return.

→ shall：通例1人称に用いて形式ばった文体となります。

ex. （結婚式などで）誓います。

I *will*.

ex. 電話が鳴ってますよ。私が出ましょう。

The telephone is ringing. I'*ll* answer it.

＊be going to-V

①推量：～しかかっている（予兆あり）

ex. 黒い雲がたれこめてきたぞ。雨になりそうだ。

Black clouds are hanging down. It'*s going to* rain.

→黒い雲が広がるなどの雨が降る予兆があり，雨が降る方向へと動き出している状態がイメージされます。

②意図・予定：～するつもり・～する予定だ（変更の余地のある予定）

ex. 私たち，来年結婚することにしました。

We *are going to* marry next year.

→ will のようなその場での判断ではなく，「～する方向へ」と動き出しているイメージが表現されることから，話し手が発話以前に考えていた意図・予定を表します。また，動き出しているだけでそれほど確実性は高くなく，予定変更の余地が残されます。

＊be + V-ing（進行形）：進行形は心理的・現実的に準備段階に入っている予定を表し，変更の余地のない直前の予定を表します（➡ツール編 p.30・3⑵②）。

ex. 来月，出産予定です。

I'*m having* a baby next month.

＊be + to-V：主に公式の予定・約束を表します。

ex. 本日，首相は大統領と官邸で会うことになっている。

The Prime Minister *is to* meet the President at the official residence today.

＊plan to-V：はっきりとした計画に基づく予定・意図を表します。

ex. 来月，友人たちと京都を訪れる予定です。

I'*m planning to* go to Kyoto with friends of mine next month.

＊intend to-V：強い意志に基づく重要な意図を表します。

ex. 彼は優秀な医者になるという強い意志をもっていた。

He *intended to* be a good doctor.

＊mean to-V：主に話し言葉で用いられます。

ex. そんなことを言うつもりじゃなかったんだ。

I didn' t *mean to* say such a thing.

Step 3 英文作成

Ⓐ **I'll be a university student this April, so I'll leave home and rent an apartment.**

⇒前者の“I'll”は単純未来を，後者の“I'll”は発話時の意志を表しています。

Ⓐ **I'm a college student this April. I'm going to leave home and live in an apartment.**

⇒確実な未来の出来事を現在形で表現しています（これを**確定的未来**の用法といいます）

（➡ツール編 p.32・3(2)）

ex. 明日からいよいよ大学生だ。

I *am* a college student tomorrow.

⇒あえて接続詞を使わずに，文脈だけで因果関係を表現しています。

意図や予定を表すにも様々な
表現様式がある。
それぞれのニュアンスの違い
を感じとってほしい。

第2文 **これまで受験勉強では何度もうまくいかず，くじけそうになったこともありましたが，**

Step 1 問題文の解析：文章接続＆主語選択

本　論（前半）

＊何度もうまくいかず（理由） ➡ くじけそうになったこともありました（結果）が（逆接）

⇒「くじけそうになったが」の「が」は**逆接の「が」**で，逆接マーカーを用いて主張へとつなげていきます。

⇒ここも因果関係を強調する必要は特になく，**時系列**か，もしくは「くじけそうになったが，成長させることができた」というのがこの問題文の骨子ですから，次文にスムーズにつながるように，**結果に力点を置く表現**をとればよいと判断します。

＊**主語選択**：私

Step 2 語句選択

◆ これまで

＊**until now：これまでずっと**

→通例，継続を表す動詞の現在完了形・過去完了形・過去形とともに用います。

ex. 彼はこれまでずっと真面目に勉強してきました。

Until now, he has studied diligently.

＊**so far，up to now：これまでのところ**

→先のことはわからないことを含意します。

ex. 今までのところは幸せです。

I've been happy *so far.*

ex. これまでのところ景気回復の兆しはない。

The business is showing no sign of recovery *up to now.*

◆ 受験勉強をする

＊preparation/study for an entrance exam/examination

◆ 何度も

＊many times：何度も

→ 同じ場面で何度も繰り返される行為に用います。

ex. 彼女に何度電話しても通じない。

I have been calling her *many times*, but can't get through.

＊[very] often：たびたび，しばしば

→ 繰り返される習慣的・周期的な行為に用います。

ex. 京都には何度も行った。

I visited Kyoto *very often*.

＊frequently：頻繁に

→ often よりかたく，短い間隔で繰り返される行為に用います。

ex. 学生時代，その図書館には頻繁に通った。

I went to the library *frequently* in my student days.

＊repeatedly：繰り返して

ex. その話しは何度も聞かされている。

I'm told *repeatedly* that story.

＊over and over again, again and again：何度も何度も

ex. 最近，何度も同じ夢を見る。

I have the same dream *again and again* these days.

◆ うまくいく

⇒ **物事がうまくいく：go well, go successfully, go all right**

⇔ うまくいかない：go wrong, go badly

ex. 何もかもうまくいった。

Everything *went well*.

ex. 世の中はうまくいかないものだ。

Things don't often *go well* in this world.

Things in this world often *go wrong*.

⇒ **人間がうまくやる：do well**

ex. 試験はうまくいった。

I *did well* in the examination.

◆ くじける

⇒ 気力を失くす

＊be disheartened：気落ちする

＊lose heart：意気消沈する

→ heart：元気，気力

ex. その計画が中止になったと聞いてやる気がなくなった。

I *lost heart* when I heard of the cancellation of the plan.

⇒ 勇気を失くす

＊be discouraged：勇気がなくなる

＊lose courage：勇気をなくす

→ courage：勇気

ex. ちょっとした失敗くらいで，くじけちゃだめだよ。

You should not *be discouraged* by one little failure.

⇒ 落胆する

＊be disappointed in/with ～：～にがっかりする

ex. 彼にはがっかりだ。

I'*m disappointed in* him.

⇒ あきらめる

＊give up：努力などをやめる，望みなどを捨てる

ex. 医師になることをあきらめてはいけない。

Don't *give up* hope of becoming a doctor.

cf. Don't *give up* becoming a doctor.

→ "give up becoming a doctor"：医師になるための研修を途中でやめることなどを意味します。

◆ ～しそうになる

⇒ 危うく～しそうになる：**almost ～，nearly ～**

ex. 彼は危うく溺れるところだった。

He was *almost* drowned.

He was *nearly* drowned.

→ almost の方が nearly よりもその状態に至りそうだったことを表します。

⇒ もう少しで～するところだ：**come near to V-ing，come close to V-ing**

ex. 彼はもう少しで溺れるところだった。

He *came near to being* drowned.

ex. 私のひいきの力士は今場所もう少しで優勝するところだった。

My favorite sumo wrestler *came close to winning* this tournament.

⇔ **かろうじて〜する：narrowly 〜**

ex. 彼はかろうじて溺れるところを免れた。

He *narrowly* escaped from being drowned.

→ escape from 〜：〜を免れる，〜から逃れる

Step 3 英文作成

Ⓒ　**Until now, I've been nearly discouraged many times by the difficulties in studying for entrance exams.**

⇒くじけそうになった理由を述べようとしているわけではないので，"by" によって理由を強調する必要は特にありません。

Ⓐ　**I had great difficulty studying for entrance exams, and I've often been nearly disheartened.**

⇒時系列でつなげています。

Ⓐ　**I couldn't often do as well as I hoped at studying for entrance exams, so I've been nearly discouraged over and over again.**

⇒次文との対比性を明確にするために，結果（I've been 〜 over again）に力点を置く表現をとっています。

⇒not often：めったに〜ない＝ seldom

《発展レベル》

Until now, there were times when I thought about stopping my exam preparations and giving up my dream.

⇒"time（回数）" を複数形にすることで，夢をあきらめかけたことが「何度もあった」ことを表現し，さらに there 構文を用いて強調しています。

第2文 夢に向かって努力し続けることで，自分を大きく成長させることができました。

Step 1 問題文の解析：文章接続＆主語選択

本　論（後半）

＊努力し続けることで ➡ 自分を大きく成長させることができた
理由　　結果（意図しない結果）

⇒自分を成長させることではなく，大学に合格することが目標であったわけで，自分を成長させることは“意図された結果”ではありません。ここで因果関係や原因を明示するのは不自然で，何度もあきらめかけたけれども“幸いにも・期せずして”そうした結果がもたらされたといったニュアンスを入れ込みたいところです。

＊**主語選択**：(1)私　(2)努力し続けたこと（無生物主語構文）

Step 2 語句選択

◆ 夢

⇒希望としての夢：**dream**

- 夢を実現する：realize/fulfill a dream, make a dream come true
- →夢が実現する：a dream comes true
- →夢を追う：chase/pursue a dream

ex. 私の夢が実現する日がまもなくやってくるだろう。
The day will come soon when my *dream* will come true.

◆ ～に向かって努力する

＊**make an effort/efforts to-V ～：Vするための努力をする**

- →an effort：個別的な努力・奮闘をいう場合は可算名詞
- →effort：一般的な意味で努力・苦労をいう場合は不可算名詞

ex. この目標を達成するようできるかぎり努力します。
I'll *make* all possible *efforts to* achieve this goal.

- make all possible efforts：できるかぎりの努力をする

cf. 夢をかなえるには相当な努力がいる。

It takes much *effort to* realize a dream.

＊endeavor：困難に対して持続的に懸命に努力する

＊do/try one's best：自分なりにできるだけ努力する

→ しばしば期待にそえないことを暗示します。

ex. できるだけのことはやってみます。

I'll *try my best*.

＊struggle：奮闘する，もがく

ex. 彼らは権利を守ろうと奮闘した。

They *struggled* to protect their rights.

＊strive：励む，懸命になる（かたい表現）

ex. 彼は成功を求めて励んだ。

He *strived* for success.

＊labor：骨を折る，精を出す

◆ ～し続ける

＊continue to-V：行動・習慣などを続ける

ex. 彼は英語を生涯研究し続けた。

He *continued to study* English all his life.

＊go on V-ing：行為をやめずに続ける

ex. 彼女たちはあれこれと雑談を続けた。

They *went on talking* of one thing and another.

＊keep [on] V-ing：やめないで～し続ける

ex. 母は何度も同じことを言い続ける。

Mother *keeps saying* the same thing over and over again.

ex. 彼はいかなる状況でも努力し続ける。

He *keeps on making* effort in any circumstances.

＊keep up ～：（活動・状態などを）維持する・持続させる

ex. 彼はドイツ語の勉強を続けている。

He *keeps up* his German.

◆ 成長する

＊grow：自 人間の身体・動植物が育つ・大きくなる

＊develop：自 知能・技能・性格などが伸びる

ex. 彼は自身の努力で成長してきた。

He's *developed* through his own hard work.

◆ 大きく成長させる

＊make + O + mature / grow up

→ mature：成熟する，grow up：大人になる

＊get + O + to mature / grow up

→ get：困難なことや努力を要する行為に用いられます（➡ツール編 p.63・5(7)③，p.198 コラム(2)①）。

⇒ **成熟する・大人になる：become mature / grown**

→ mature：形成熟・発達した

→ grown：成長した，大人の（比較変化なし）

ex. その経験を通して自分をより成長させることができた。

I've *become* more *mature* as a result of the experience.

◆ ～できた

＊could：～することができた

→ could は，"I could mend the watch."「（直そうと思えば）その時計を直せるだろう。」といったように，仮定法や確信度の低い推量（～だろう）を表す場合に用いられます。

→「～できた」を表現する場合は，仮定法や推量との混同を避けるために，could の代わりに，通例，was able to-V，managed to-V，succeeded in V-ing などを用います。

ex. 彼はその試験にどうにか合格することができた。

He *managed to* pass the exam.

ex. 彼らは首尾よく山頂に到達できた。

They *succeeded in* reach*ing* the top of the mountain.

→ could が「～できた」（能力）という意味で用いられるのは，①過去の一般的な能力をいう場合，②否定文の場合，③ feel・hear などの感覚動詞，understand・remember などの認識動詞とともに用いる場合，④習慣的意味を表す場合などに限られます。

ex. 米国にいた頃は英語を話すことができた。（①のケース）

I *could* speak English when I lived in America.

cf. I used to *be able to* speak English when I lived in America.

→ 今は話せないという現在との対比を表します。

→ "used to-V"（➡実戦演習(6) p.104・語句選択）

ex. 耳を澄ましたけれども何の音も聞こえなかった。（②＋③のケース）

I listened closely but *could not* hear any sound.

ex. 駅のそばに住んでいた頃は，電車で 10 分で会社に行けた。（④のケース）

When I lived by the station, I *could* go to the office by train in ten minutes.

Step 3 英文作成

Ⓒ　**However, my constant efforts to fulfill my dreams have made me mature.**

⇒ my constant [making] efforts：無生物主語構文＋名詞構文（私が努力し続けたこと）

（➡ツール編 p.55・5⑵）

Ⓒ　**However, I've become mature by working hard to realize my dream.**

⇒ 無生物主語構文であれ，"by" を用いた表現であれ，両者とも因果関係や原因を明示する文体です。前述したように，ここでは "幸いにも・期せずしてそうした結果がもたらされた" といったニュアンスを入れ込みたいところで，因果関係や原因を明示する表現スタイルは不自然です。

Ⓑ　**However, I've struggled to realize my dream, which has made me strengthen my character.**

⇒ 関係詞・継続用法を用いて，大きく成長できたことを補足的な説明として表現しています（➡ツール編 p.49・4⑶④）。

→ , which：文・節・句を先行詞とする関係代名詞

→ 先行詞＝前文（I've ～ dream）

⇒「大きく成長できた」ことを「人格を強くすることができた」と言い換えて表現しています。

→ character：性質，性格，人格

Ⓐ　**However, I kept on making effort to realize my dream, and fortunately I've become more mature as a result of it.**

⇒「夢に向かって努力した」ことを記述したうえで，"fortunately"，"as a result of ～"（➡ツール編 p.13・1⑵⑤）を用いて，期せずして一つの結果にたどりつけたことを表現するスタイルをとっています。

→ fortunately：（文全体を修飾して）幸いにも，幸運にも

⇒ it ＝前文

第3文 一人暮らしが自立する良いチャンスとなって，さらに自分を成長させていけたらと思っています。

Step 1 問題文の解析：文章接続＆主語選択

決意表明

＊一人暮らしが良いチャンスとなって ➡ さらに自分を成長させていきたい

⇒時系列でつないでいけばよいでしょう。

⇒逐語的に「思っている」を“I think”ではなく，筆者の決意表明であるので，強い意志を感じさせるような文体へと仕上げていきます。

＊主語選択：(1)一人暮らし　(2)チャンス　(3)私

Step 2 語句選択

◆ 一人暮らしをする

＊live by oneself

⇒自活する：**support oneself**

◆ 自立する

＊become independent

ex. 彼は親元を離れて自立した。

He *became independent* from his parents and lived alone.

＊stand on one's own feet

◆ 自立

＊independence, self-reliance, self-support

◆ チャンス

＊chance to-V：～するための偶然の機会・好機

ex. 彼が新しい仕事を見つける機会はなかった。

He had no *chance to* find a new job.

＊chance of V-ing / that ～：～する見込み・可能性

ex. 彼が新しい仕事を見つける見込みはなかった。

He had no *chance of* finding a new job.

＊opportunity to-V：きっかけとなる機会・好機

＊occasion to-V / for V-ing：特定の状況における機会・時

ex. この場を借りてお招きいただいた感謝を申し上げたい。

I'd like to take this *occasion to* thank you for inviting me.

☞ "chance" には偶然の意味が含まれる一方，"opportunity" には偶然の意味は含まれません。ここでの「チャンス」は大学に合格し親元を離れることでめぐってきた機会ですから，厳密にいうと "opportunity" で表現するほうがより的確だといえます。

◆思っています

＊I think：私は思っている

→ "I think" や "I guess" は，"I" に強勢を置いて主張を表す一種の接続マーカーの働きをすることもありますが，通例では，独断的に響かないように表現を和らげる働きを担い，さらに挿入される，あるいは文末に置かれる場合には確信度が低いことを示します。

ex. 彼はここに来るとは思います。

I think that he will come here.

→ "will" が確信度の高い推量を表すために，"I think" が表現を和らげる役割を果たしています。

☞ 本問題文では，「思っています」を "I think"（断定口調をやわらげる）ではなく，希望や期待を表現するものと捉えて，"I hope [that] ～" などと表現していきます。

Step 3 英文作成

Ⓑ　**I hope that living by myself will be a first step toward independence from my parents and it will make me become more mature.**

⇒「チャンス」を "a first step"（第一歩）と言い換えています。

⇒ it = a first step ～ my parents

⇒ S＋make＋O＋原形：S によって O は～することができる（➡ツール編 p.50・5⑴①）

Ⓑ **I hope that living by myself will give me a good opportunity to become independent of my parents and it will make me more mature.**

⇒ it ＝ a good opportunity ～ my parents

⇒ S＋make＋O＋形容詞：S によって O は～になることができる (➡ツール編 p.52・5(1)②)

Ⓑ **I hope that living by myself will make me independent of my parents and it will help me become grown.**

⇒ it ＝ living by myself ～ my parents

⇒ S＋help＋O＋原形：S の助けで O は～することができる (➡ツール編 p.52・5(1)②)

Ⓐ **I've got a good opportunity to become independent of my parents. I will make myself more mature through this opportunity.**

⇒「成長させたいと思っている」を単なる希望ではなく，より強い決意の表明と捉えて，"will"（強い意志）を用いて表現しています。

4月からはいよいよ大学生になるので，親元を離れて，アパートを借りることにしました。これまで受験勉強では何度もうまくいかず，くじけそうになったこともありましたが，夢に向かって努力し続けることで，自分を大きく成長させることができました。一人暮らしが自立する良いチャンスとなって，さらに自分を成長させていけたらと思っています。

《ベストアンサー》

I'm a college student this April. I'm going to leave home and live in an apartment. I couldn't often do as well as I hoped at studying for entrance exams, so I've been nearly discouraged over and over again. However, I kept on making effort to realize my dream, and fortunately I've become more mature as a result of it. I've got a good opportunity to become independent of my parents. I will make myself more mature through this opportunity.

【練習問題】 日本語の文意に合うように，次の語句を並べ替えて英文を完成しなさい。なお，文頭にくる語句も小文字で表しています。 （➡解答 p.188）

1．子供は２人は産みたいと思っています。（１語不足）
babies / two / I / have

…… .

2．10 月に出産の予定です。（１語不要）
will / have / I / October / am / baby / in / to / going / a

…… .

3．彼は何度も失敗した後についに成功した。
failures / finally / of / after / he / series / succeeded / a

…… .

4．物事はうまくいっていた。
going / as / things / should / were / they

…… .

5．ちょっとした失敗くらいで，くじけちゃだめだよ。
you / discourage / one / don't / little / let / failure

…… .

6．その調子で頑張れ。

good / up / the / work / keep

.

7．大人になったら何になるつもりですか。（1語不要）

grow / you / you / going / be / are / what / when / if / to / up

?

8．彼はやっとのことで試験に合格することができた。

with / in / the / the / he / difficulty / succeeded / passing / greatest / exam

.

9．その子は両親が甘かったために自立心に欠けていた。

self-reliance / the / indulgent / lacked / parents / were / whose / boy

.

10．この機会に自己紹介させてください。

introduce / opportunity / me / myself / take / this / to / let

.

実戦演習(6)　以下の日本文を英訳しなさい。（オリジナル）　難易度★★★☆

先日，旧友が大学に通っている彼の息子を訪ねて，このたび久しぶりに上京してきた。東京が急速に変わってゆくのに驚き，彼が住んでいた頃の面影はなくなってしまったと言っている。だが，子供の頃，彼とよく遊んだ公園は，今もその町にある。人も町並みもすっかり変わってしまったけれど，その公園だけは変わらず，その頃のことを懐かしく思い出させてくれるのだ。

直訳的英作文の作例（総合評価・Ⓓ：14点／30点満点）

The other day, visiting his son who is going to the university, in this time my old friend came up to Tokyo for the first time in a long time. Surprised that Tokyo is changing rapidly, he is saying that the traces of the days when he lived there have lost. But the park where I often played with him when I was a child is in the town even now. Though the people and streets changed completely, only the park doesn't change, and it makes me remember the days with nostalgia.

完全NGワード!　**visiting / surprised**（分詞構文），**is going / is saying**（進行形），**the park where**（限定用法）

解　説

一見したところ大きなミスもなく無難に書けているようにみえますが，これまた**全体的に逐語的で，この問題文から感じとられる情感もあまり伝わらない**英文になってしまっています。

第1文

◆"visiting ～,"：この分詞構文の使い方では，「訪れた時・訪れたので上京してきた」などとの意味合いになってしまいます。

◆"is going"：「通っている」は通例，習慣的行為として現在形で表現します（➡ツール編 p.28・2・3(1)）。

〈採　点〉

The other day, visiting (−3) his son who is going (−2) to the university, in this time my old friend came up to Tokyo for the first time in a long time.

第2文

◆"Surprised ～ ,"（分詞構文）：同様に，「驚いた時・驚いたので面影はなくなってしまったと彼は言っている」などとの意味合いになってしまいます。

◆"is saying"：進行形は進行中の動作を表すことになるので，ここでは不適切な表現となります（➡ p.103 英文作成）。

〈採　点〉

Surprised (−3) that Tokyo is changing rapidly, he is saying (−2) that the traces of the days when he lived there have lost.

第3文

◆"the park where ～"：関係詞の限定用法では，複数の公園の中からよく遊んだ公園を特定する表現になります（➡ツール編 p.46・4(3)①，実戦演習(3) p.56・問題文解析）。

◆"often played" は単に行為が反復されたことをいうだけで，本問題文から感じとられる筆者の郷愁を表現するスタイルにはなりません（➡ p.104 語句選択）。

〈採　点〉

But the park [where] (−2) I [often] (2) played with him when I was a child is in the town even now.

第4文

◆"人や町並み：changed（過去）" ⇔ "その公園：doesn't change（現在）" とするだけでは対比関係がうまく表現できていません。さらに "doesn't change" では時間的な要素に制約されることなく不変的に変わらないことを意味します（➡ツール編 p.28・2・3(1)）。

〈採　点〉

Though the people and streets [changed] completely, only the park [doesn't change] (△)(−2), and it makes me remember the days with nostalgia.

先日，旧友が大学に通っている彼の息子を訪ねて，このたび久しぶりに上京してきた。東京が急速に変わってゆくのに驚き，彼が住んでいた頃の面影はなくなってしまったと言っている。だが，子供の頃，彼とよく遊んだ公園は，今もその町にある。人も町並みもすっかり変わってしまったけれど，その公園だけは変わらず，その頃のことを懐かしく思い出させてくれるのだ。

全体構成とポイント

＊「面影をなくす東京，人や町並み」と「それでも変わらない公園」との**対比関係**が全体を構成する骨子だと確認できます。より効果的にこれらの関係性を表現するとともに，この文章から感じとられる，筆者の**情感**（郷愁）を意識し表現できるか，そうしたことも大きなポイントになってきます。

全体構成の解析

第1文〜**第2文**

旧友の話：東京がすっかり変わり，面影はなくなってしまった。
人や町並みもすっかり変わってしまった。

↕ 対照

第3文〜**第4文**

筆者の回想：公園は今もその町にあり，
子供の頃を懐かしく思い出させてくれる。
（郷　愁）

筆者の郷愁を英文でいかに表現するのか？ “would often” の感覚が，頭の中での暗記ではなく，イメージとして身についているかどうか。真の語彙力が問われてくる。

第1文 **先日，旧友が大学に通っている彼の息子を訪ねて，このたび久しぶりに上京してきた。**

Step 1 問題文の解析：文章接続＆主語選択

旧友の話(1)

＊**旧友が息子を訪ねて ➡ 上京してきた**

⇒「訪ねるために上京してきた」(目的)，または時系列的に「上京し，そして息子を訪ねた」などと解釈すればよいでしょう。

→ただし，ここでは目的を明示する in order to-V や so that S V などではなく，軽く**補足情報**として to-V で表現します（➡ツール編 p.43・4(1)②)。

＊**主語選択**：旧友

Step 2 語句選択

◆ 先日

＊**the other day, a few days ago, some time ago**

◆ 大学に通う

＊**go to university / college**

＊**attend university / college**

→ go to を用いるほうが一般的です。

◆ 大学に通っている息子

＊**his son who goes to university**

＊**his son who is a university student**

→旧友の息子が一人息子である場合は非限定用法にすべきですが，ここでは不明なので限定用法・非限定用法のいずれでもよいでしょう（➡ツール編 p.46・4(3)①)。

◆ （人を）訪ねる

＊visit：観光や会見などのために人や場所を訪ねる

＊call on ＋人：ちょっと訪問する，立ち寄る

→ call at ＋場所：～にちょっと立ち寄る

⇒会いに行く：**go/come to see**

→ go：話し手や聞き手の視点から離れて行く

→ come：話し手や聞き手が話題の中心となっている場に近づいて行く

◆ このたび

＊this time

☞本問題文では「先日」と重なりあうため訳出は不要です。

◆ 旧友

＊an old friend of mine

＊my old friend

☞“my old friend”のように所有格を名詞の前に置くと，定冠詞 the をつけたのと同じように，聞き手にも既知の友人をいうことになります。これに対して“an old friend of mine”は聞き手が知らない不特定の友人の一人をいうことになりますが，本問題文ではこれも不明なのでいずれでもよいでしょう。

◆ 上京する

＊come [up] to Tokyo，go to Tokyo

◆ 久しぶりに

➡実戦演習(3) p.57・語句選択「～ぶり（時の経過）」

Step 3 英文作成

Ⓐ **The other day, my old friend came to Tokyo after a long time and went to see his son who was a college student.**

Ⓐ **The other day, an old friend of mine came to Tokyo for the first time in a long time to see his son who is a college student.**

⇒ was / is：“was” で表現すると学生であったのが過去の話のような印象になります。現在も大学生であると推測できるので，現在時制で表現するほうが自然な表現になります（➡ツール編 p.36・3⑷③）。

第2文 **東京が急速に変わってゆくのに驚き，彼が住んでいた頃の面影はなくなってしまったと言っている。**

Step 1 問題文の解析：文章接続＆主語選択

旧友の話⑵

＊変わってゆくのに驚き ➡ 面影はなくなってしまったと言っている

⇒ ここでも前半部と後半部には特につながりはないので，時系列的に and でつないでいけばよいでしょう。

＊主語選択：⑴旧友　⑵東京

⇒ 旧友の話なので，逐語的に「旧友」を主語にしてもよいですが（He was surprised to-V ～），第 4 文の「変わらない公園」との対比性を意識して，東京が話題の中心でもあり，「東京」を文の中心要素として主語に据えると判断してもよいでしょう。

Step 2 語句選択

◆ 急速に

＊rapidly：動きや変化が速く

＊quickly：動作や行動が素早く

＊fast：人や物が速く

◆ ～に驚く

＊be surprised at / by ～

→ 予期せぬことや不意をつかれて驚く

＊be astonished at / by ～

→ surprised より意味が強く，信じられないようなことでひどく驚く・びっくりする

⇒～して驚く：**be surprised to-V / that ～，be astonished to-V / that ～**

⇒驚いたことに：**to one's surprise / astonishment**

→ to one's ＋感情を表す名詞：～したことに

◆ 面影

＊trace：形跡，足跡

ex. この町には昔の面影はない。

This town has no *traces* of old days.

＊vestige：痕跡，名残

ex. その町には繁栄を誇った面影はもうない。

The town doesn't have any *vestige* of its former glory.

⇒思い出させるもの

＊a thing which reminds ＋人＋ of ～

＊a thing to remind ＋人＋ of ～

→ remind＋人＋of ～：人に～を思い出させる

◆ なくなる

⇒～が消える（➡ p.71 実戦演習(4)・語句選択）

◆ 面影はなくなった

☞「面影」という言葉にこだわらず，「東京はかつての東京とは違う」と表現してもよいでしょう。

ex. 東京はかつての東京とは違う。

Tokyo is completely different from Tokyo as it was before.

→ 名詞＋ as it was before：以前のような，もとのとおりの名詞

Tokyo is not the same city that he lived in before.

Tokyo is no longer the city he knew before.

Tokyo is not at all what it used to be when he lived there.

→ "what S was/used to be" は，通例，以下の例文のように，現在の主語の質的な劣化を暗示します（ただし，文脈によっては単に質的な変化を表すだけの場合もあります）。

→ここでは「東京が変化している」だけで，その質的な劣化が明示されているわけではないので，本問題文ではやや不適切な表現になります。

ex. 彼はかつてのような彼ではない。

He is*n't* what *he used to be.*

cf. He is*n't* the man [that] *he used to be.*

→外見や仕事，技能など外的要素の劣化を表します。

Step 3 英文作成

Ⓐ **He was surprised to see how rapidly Tokyo was changing, and said that he could not find anything that reminded him of the Tokyo he knew when he lived here.**

⇒「友人」が文の中心要素になって，彼が驚いたことが表現され，“to see ～” 以下によって驚きの理由（副詞的用法）を文脈によって補足的に表すスタイルになっています（➡ツール編 p.43・4(1)②）。

⇒ the Tokyo he knew when he lived here

→「東京」は固有名詞ですが，「いろんな東京がある中で，彼が住んでいた頃に知っていた東京」と限定し特定することから，“the Tokyo” と定冠詞をつけた表現になります（➡ツール編 p.47・4(3)②）。

Ⓐ **To his astonishment, Tokyo has changed very rapidly and he told me that it is no longer the city he knew before.**

⇒ “it is no longer the city he knew before”：時制を一致させずに現在時制で表現することで，後文の「その公園だけは今もそこにある」（現在）との対比性を演出しています。

Ⓐ **Tokyo, he says, is changing with surprising rapidity and is not the same city that he lived in before.**

⇒ **says**：問題文でも「言っている」としているように，発言したのは過去のことですが，英語でも現在時制で表現することで臨場感をもたせることができます（ただし **hear**，**learn**，**say**，**tell** などの伝達に関する動詞に限られる用法です）。

第3文　**だが，子供の頃，彼とよく遊んだ公園は，今もその町にある。**

Step 1 問題文の解析：文章接続＆主語選択

筆者の回想(1)

＊だが，よく遊んだ公園は，今もその町にある。

⇒ ここでの「だが」は，強い対比を表す**逆接マーカー**で表現します。

⇒ 逐語的に関係詞・限定用法を用いると（the park where I often played with him ～），「私が子供の頃，よく友達と遊んだ公園」がどの公園であったのかを単に特定するだけの表現になってしまいます。ここでは**挿入用法**を用いて「その公園」に対する補足説明をしながら，あわせて筆者の公園に対する郷愁を表現できる文体を工夫していきます（➡ツール編 p.48・4(3)③）。

＊主語選択：公園

Step 2 語句選択

◆ **子供の頃**

＊as a child，while/when S was a child，in one's childhood

◆ **よく遊んだ**

⇒ **よく～した**（単に反復された行為）：**often + V（過去形）**

ex. 子供の頃，彼とこの公園でよく遊んだ。

When I was a child, I *often* played with him in this park.

⇒ **～したものだ**（現在との対照）：**used to-V**

(1) used to-V は過去の習慣や状態について客観的に述べ，「かつては～したが，今はしていない」という意味を含意し，**現在と対照的な過去の習慣的行為や過去の状態**を述べる時に用います。

ex. 以前，このあたりに池があったが，今ではオフィスビルが建っている。

There *used to be* a pond around here, but there stands an office building now.

→ 現在の状況（池はない）との対照性を表現します。

cf. 以前，このあたりに池があって，よく釣りに行った。

There was a pond around here and I *often* went fishing in it.

→ 過去に池があったことを表すだけで，現在の状況との関わりを表現するものではありません。

(2) 過去の漠然とした期間の習慣を含意するので，期間や回数（often など）を表す副詞とはともに用いません。

⇒ **よく～したものだ**（過去の回想）：**would often**

(1) **話し手の追憶や郷愁**を述べるときに用いられ，通例，動詞は動作動詞を従えます。

ex. 祖父はその椅子に何時間も座って，ぼんやりと海を眺めていたものだ。

My grandfather *would often* look absent-mindedly out over the sea, sitting in the chair for hours.

→単なる反復された行為ではなく，その行為を懐かしく想う郷愁が表現されます。

(2)主に人間を主語にとり，また，used to-V のように過去の状態に用いることはありません。

◆ 今も

＊still：今までどおり，依然として

ex. いまだに彼女からメールの返事がない。

I *still* haven't had an answer to my e-mail from her.

→ 否定文で用いる場合は，否定語の前に置きます。

＊even now：今でも，今でさえ

ex. その家は去年に売り出されたのに今でも空き家だ。

The house, which was put up for sale last year, is vacant *even now*.

Step 3 英文作成

Ⓐ **However, the park, where I would often play with him as a child, is still there in Tokyo.**

⇒ 関係詞の**挿入用法**（➡ツール編 p.48・4⑶③）を用いて「その公園」に対して補足的な説明をしながら，さらに "**would often**" によって筆者の郷愁を表現しています。

⇒ 問題文の文脈上，「その町」は「東京」にあると判断されることから，"in the town in Tokyo" を簡略して "there in Tokyo" としています（➡ "S is ～" ⇔ "There is S ～" に関しては，コラム⑴ p.195）。

第4文　**人も町並みもすっかり変わってしまったけれど，その公園だけは変わらず，その頃のことを懐かしく思い出させてくれるのだ。**

Step 1 問題文の解析：文章接続＆主語選択

筆者の回想(2)

＊人も町並みも変わってしまったけれど　⟷　その公園だけは変わらず

⇒ "though"（譲歩）を用いて，「変わらない公園」に焦点を当て，「懐かしく思い出させてくれるのだ」との帰結文にスムーズにつなげていきます。

＊主語選択：(1)人や町並み　(2)その公園

＊その公園だけは変わらず　➡　その頃のことを思い出させてくれる。

⇒ 続けて表現すると冗長になってしまうので，つながりを特に意識することなく，一旦文を切って，後者を独立した文として扱えばよいでしょう。

＊主語選択：(1)その公園　(2)私

Step 2 語句選択

◆ 町並み

＊streets [and houses]

◆ すっかり変わる

＊completely change / change a lot

◆ その公園だけ

＊only the park

ex. その公園だけが子供たちの遊び場だった。

Only the park was a playground for children.

→ only ～：副～だけ

cf. その公園がこの町にある唯一の公園だ。

This park is the *only* one in this town.

→ the only ～：形唯一の～ (➡実戦演習(2) p.40・語句選択)

＊the park alone (➡実戦演習(2) p.41・語句選択)

◆ Sは変わらない

＊S [still] remain unchanged

ex. 私の故郷はかつてのままだ。

My hometown *still remains unchanged.*

＊S [still] remain exactly the same

＊S is the same as S used to be

＊S is the same as before

＊S is not at all different from S(目的格) as it was before

→ 名詞＋as it was before：以前のような，もとのとおりの名詞

◆ その頃

＊the days

ex. テレビで古い映画を見て，その頃を懐かしく思った。

When I watched an old movie on television, I felt nostalgia for *the days.*

◆ 懐かしく

＊nostalgically

＊with nostalgia / longing

→ longing：恋しい思い

ex. その写真を見るといつも故郷をとても懐かしく思う。

I never look at the picture without having a great *longing* for home.

→ not/never ～ without V-ing …：～すれば必ず…する

◆ 思い出させる

＊remind A of B：AにBを思い出させる (➡p.102 語句選択)

ex. その写真で家族とのシンガポール旅行を思い出した。

That picture *reminded* me *of* a trip to Singapore with my family.

⇒ 思い出す

＊remember：意識的に思い出す，自然に思い出す

→「思い出す」を表す最も一般的な語で，意識的に思い出す場合にも，自然に思い出す場合にも用いられます。

ex. どこに鍵を置いたのか思い出せない。

I cannot *remember* where I left my key.

ex. 片づけることがあったことを急に思い出した。

I suddenly *remembered* that I had some work to do.

＊recall：（ややかたく）意識的に努力して思い出す

ex. その男の名前をやっと思い出した。

At last I *recalled* the name of that man.

＊recollect：（ややかたく）recall よりさらに努力して思い出す

ex. 彼女が会議でどの席に座っていたか思い出そうにも思い出せなかった。

I couldn't *recollect* where she was sitting down in the meeting.

＊be reminded：（ややかたく）何かのきっかけで思い出す

ex. その写真を見ると学生時代を思い出す。

When I see this picture, I'*m reminded* of my school days.

◆ ～してくれる

➡p.43 実戦演習(2)・語句選択

Step 3 英文作成

Ⓐ **While the people and streets have completely changed, only the park is the same as it used to be. It always makes me remember the days with nostalgia.**

⇒ "have changed"：過去形ではなく，現在完了形を用いて臨場感を表現しています（➡ツール編 p.33・3(3)）。

Ⓐ **Though the people and streets have changed a lot, only the park remains unchanged. It always brings back to me happy memories of my childhood.**

⇒ "changed" ⇔ "unchanged" で対比性を明示しています。

⇒「楽しかった思い出を蘇らせてくれる」としてより情感を表現しています。

→ bring back happy/fond memories of ～：～の楽しい思い出を蘇らせる
→ bring back ～：～を思い出させる

Ⓐ **While the people and streets have completely changed, only the park hasn't changed at all. Whenever I go to the park, I remember the days with nostalgia.**

⇒ "have changed"⇔"hasn't changed", "completely"⇔"not ～ at all" でそれぞれ対比性を演出しています。

Ⓐ **Though the people and streets have completely changed, the park alone is surviving. When I see the park, I'm reminded of the days with nostalgia.**

⇒ survive：（事物が）古くから残る・残存する

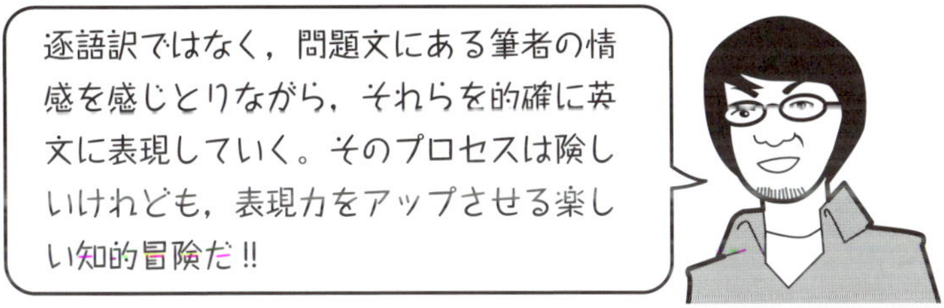

逐語訳ではなく，問題文にある筆者の情感を感じとりながら，それらを的確に英文に表現していく。そのプロセスは険しいけれども，表現力をアップさせる楽しい知的冒険だ!!

先日，旧友が大学に通っている彼の息子を訪ねて，このたび久しぶりに上京してきた。東京が急速に変わってゆくのに驚き，彼が住んでいた頃の面影はなくなってしまったと言っている。だが，子供の頃，彼とよく遊んだ公園は，今もその町にある。人も町並みもすっかり変わってしまったけれど，その公園だけは変わらず，その頃のことを懐かしく思い出させてくれるのだ。

《ベストアンサー》

The other day, an old friend of mine came to Tokyo for the first time in a long time to see his son who is a college student. To his astonishment, Tokyo has changed very rapidly and he told me that it is no longer the city he knew before. However, the park, where I would often play with him as a child, is still there in Tokyo. Though the people and streets have changed a lot, only the park remains unchanged. It always brings back to me happy memories of my childhood.

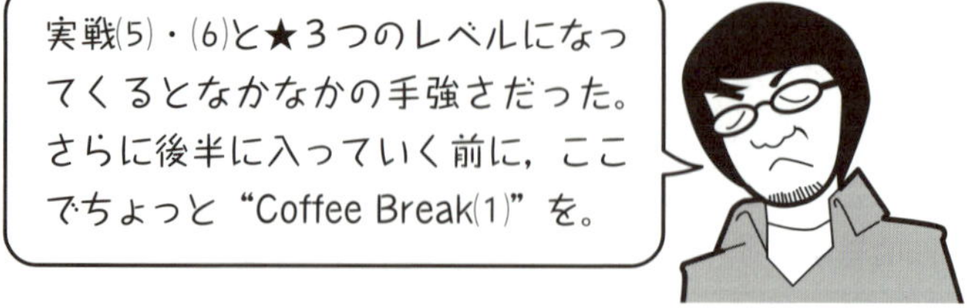

実戦(5)・(6)と★３つのレベルになってくるとなかなかの手強さだった。さらに後半に入っていく前に，ここでちょっと“Coffee Break(1)”を。

Coffee Break

二項対立の論理形式について(1)

二項対立の論理形式について話をしましょう。ここでは全体構成としての対比関係と，各センテンス間や語句レベルの対比関係を区別するために，前者を「二項対立」，後者を「対比」と呼ぶことにします。

文章を書くことの目的は，文章を通して自らの言いたいことを表現することにあるわけですが，単に自分の主張を羅列してみたところであまり説得力のある文章にはなりません。自分の主張を相手に伝える，相手を納得させるための最も単純で効果的な方法は，一般論や従来からある常識的な見解，相手方の主張などを一旦述べたうえで，「しかしながら」，「けれども」として自らの主張を展開していくというものです。

例えば，私が授業で黒板にある長さの直線を描いて，その直線を聞き手（学生）に長いと思わせたいとします。その場合，いくらその線が“長いだろ”と学生たちに繰り返し言ったところで，納得する学生は私を信頼してくれている学生を除いてはいないでしょう（またそうした学生も私への“思いやり”でその直線を長いとしてくれているだけで，認識そのものとして長いと感じているわけではもちろんありません）。

そこで信頼関係も何もない見ず知らずの相手に，その直線を長いと思わせる最も単純で有効な方法とは何でしょうか。それはその直線よりも短い直線をその横に描いて見せることです。短い直線と対比して見せることによって，その直線は明らかに長いといえるものとなり，逆にその直線よりも長い直線を対比させれば，その直線は自ずと短いものにならざるをえなくなります。

自分の意見をただ羅列するだけの構成よりも，対立項や比較対象をもちだすことで，自らが主張する論点をより明確で説得力のあるものにしていくことができます。こうした二項対立による論理構成は単純で初歩的な方法ではありますが，相手を説得・納得させようとするとき，手軽に使える有効な方法になるわけです（→ p.163(2)へ続く）。

【練習問題】 日本語の文意に合うように，次の語句を並べ替えて英文を完成しなさい。なお，文頭にくる語句も小文字で表しています。 （➡解答 p.189）

1．戦争はその国に多くの爪跡を残している。
traces / war / left / its / the / in / the / many / has / country

....

2．フランス旅行の思い出になるものを何か買いたい。（1語不足）
a / want / remind / buy / something / France / I / me / trip / to / to / to

....

3．親しい友に手紙を出すといった習慣がなくなってしまうかもしれない。
may / friend / of / to / a / a / the / letter / sending / close / custom / disappear

....

4．その町にはもはや昔の面影はない。（1語不足）
city / be / is / no / what / it / the / to / longer

....

5．この町には10年前の面影はなく，すっかり廃れてしまった。
what / town / is / was / ten / not / ago / it / years / this

....

6. 幼い頃，母親によく言われたことをふと思い出した。

I / I / my / child / had / was / said / a / what / when / remembered / mother / often

…………………………………………………………………………………….

7. 彼は体重を気にして食べなくなった。

worrying / much / used / he / he / as / as / , / about / eat / weight / doesn't / gaining / to

…………………………………………………………………………………….

8. 子供の頃，兄はよく釣りに出かけたものだった。（1語不足）

as / brother / child / go / my / a / fishing / often

…………………………………………………………………………………….

9. 頼りになるのは君だけだ。（1語不要）

I / you / depend / last / are / only / man / can / the / on

…………………………………………………………………………………….

10. その話を聞いて懐かしい人々の顔を思い出した。

faces / the / to / my / old / recalled / mind / story

…………………………………………………………………………………….

実戦演習(7) 以下の日本文を英訳しなさい。（オリジナル）　難易度★★★☆

京都を訪れるのははじめてだが，京都は今でも歴史が息づく街である。見るもの聞くものすべてが興味深い。旅の思い出ほど楽しいものはなく，できるだけ多くの名所旧跡を回るつもりだ。だが，残念なことに，年々味も素っ気もないオフィスビルやけばけばしいコンビニエンス・ストアーが増えて，その風情が急速に失われてきているという。

直訳的英作文の作例（総合評価・©：15点／30点満点）

Though this is the first time for me to visit Kyoto, Kyoto is a city where history is living even now. All I see and hear is very interesting. Nothing is as pleasant as memories of a trip, so I'm going to make the rounds of as many historic spots as possible. But regrettably I hear that because year by year tasteless office buildings and showy convenience stores are increasing in number, its charm is being lost rapidly.

完全NGワード! **because, increase in number, is being lost**

解　説

一見して無難に書けているようにも見えますが，これまた逐語的で，この文章から感じとられる筆者の「ワクワク感」も「ガッカリ感」も伝わらない英文になってしまっています。実戦演習(6)で筆者の郷愁を意識したように，英文らしい英文に仕上げていくためにさらにもう一工夫ほしいところです。

第1～3文

◆「はじめてだが」の「が」は前置きの「が」です。ここで“though”などを用いた譲歩表現や，また逆接・対照表現を用いた表現もともに誤った表現になります。

◆“this is the first time for ～ to-V”とは誤った言い方です（➡ p.117 語句選択）。

◆“is living”：進行形は一時的な状態を表します。

◆"see and hear"：動作動詞の現在形は習慣性・永続性・不変性を表します（➡ツール編 p.28・3⑴）。また，どこで見たり聞いたりするのか，日本文では省略できても，英文では補って表現するほうが一般的です。

〈採　点〉

Though (−3) this is the first time for me to visit Kyoto (−2), Kyoto is a city where history is living (−2) even now. All I see and hear (−1) is very interesting. Nothing is as pleasant as memories of a trip, so I'm going to make the rounds of as many historic spots as possible.

第4文

◆ここで"because"を用いてしまうと，「派手な建物が増えているから風情が失われつつあるのだ」と，その原因を主情報として明示するスタイルになってしまいます（➡ p.124 問題文解析）。

◆"are increasing in number"：本問題文では数量を意識して表現する必要はありません。

◆"lose"は「物を失う・なくす・紛失する」などを意味します。"Kyoto lost its charm"とは言えても，lose が意識的な行為ではないので，"Its charm was lost (by Kyoto)."とするのは不自然です。また，"lost"が受動態の過去分詞ではなく，形容詞として用いられる場合もありますが，その場合，"be lost"は主に「道に迷った，破壊された」などを意味します。さらに be 動詞の進行形は「（主語によって）意図された一時的な状態」を表すことになり（➡ツール編 p.31・3⑵④），"be being lost"はかなり不自然な表現になってしまいます。

〈採　点〉

But regrettably I hear that because (−3) year by year tasteless office buildings and showy convenience stores are increasing in number (−1), its charm is being lost (−3) rapidly.

京都を訪れるのははじめてだが，京都は今でも歴史が息づく街である。見るもの聞くものすべてが興味深い。旅の思い出ほど楽しいものはなく，できるだけ多くの名所旧跡を回るつもりだ。だが，残念なことに，年々味も素っ気もないオフィスビルやけばけばしいコンビニエンス・ストアーが増えて，その風情が急速に失われてきているという。

全体構成とポイント

＊「歴史が息づく ⇔ 風情が失われつつある」との**対比関係**や「オフィスビルやコンビニの増加⇒風情の喪失」といった**因果関係**の表現だけでなく，前問と同様に，「興味深い，旅の思い出ほど楽しいものはない，できるだけ回るつもりだ」との表現から感じとられる筆者の**“ワクワク感”**と，一方，「残念なことに風情が失われつつある」ことへの**“ガッカリ感”**を意識して的確に表現できるか，難関レベルの本問題文としてのポイントです。

全体構成の解析

第1～3文：歴史が息づく街である，楽しみである，できるだけ回りたい
（ワクワク感）
↑
逆接
↓
第4文：残念なことに，急速に風情が失われつつある
（ガッカリ感）
↑ 因果
オフィスビルやコンビニの増加

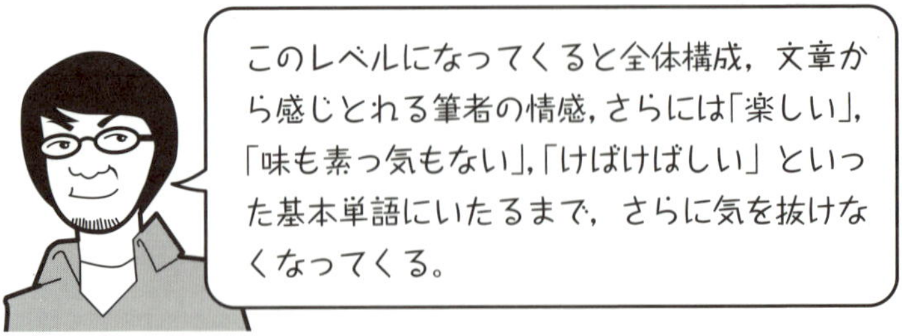

このレベルになってくると全体構成，文章から感じとれる筆者の情感，さらには「楽しい」，「味も素っ気もない」，「けばけばしい」といった基本単語にいたるまで，さらに気を抜けなくなってくる。

第1文 京都を訪れるのははじめてだが，京都は今でも歴史が息づく街である。

Step 1 問題文の解析：文章接続＆主語選択

京都旅行について

＊京都を訪れるのははじめてだが ➡ 京都は今でも歴史が息づく街である

⇒「～はじめてだが」の「が」は，**前置きの「が」**です。それぞれ独立した文章として表現します。

⇒ 後半はむしろ第2・3文の理由になっており，軽い因果関係を意識してもよいでしょう。

＊主語選択：(1)私　(2)京都　(3)歴史

Step 2 語句選択

◆ 訪れる

➡実戦演習(6) p.100・語句選択

◆ ～するのははじめて

⇒ **～するのはこれがはじめて：This is the first time [that] S V ～**

→ × This is the first time [for S] to-V

ex. 富士山に登るのはこれがはじめてです。

This is the first time I have climbed Mt. Fuji.

☞ この定型表現は実際に行為を行った時点で述べられるもので，時制は主に現在完了形が用いられます。本問題文では，発話時点では訪れてはいないので，「はじめて訪れようとしている」などと表現しなければなりません。

→ **はじめてSは～する：S V ～ for the first time**

ex. 念願かなって，先日はじめて富士山に登りました。

My dream has come true at last. I climbed Mt. Fuji *for the first time* the other day.

◆ ～を訪れるのはこれがはじめて

＊This is one's first visit to ～

ex. 京都を訪れるのはこれがはじめてです。

This is my first visit to Kyoto.

≒ This is the first time I've visited Kyoto.

◆ 今でも

➡実戦演習⑹ p.105・語句選択

◆ 歴史が息づく

⇒ 歴史が生きている：**history is still alive, history lives on**

⇒ 長い歴史をもっている：**have a long history**

Step 3 英文作成

京都を訪れるのははじめてだが，

Ⓑ **This is my first visit to Kyoto.**

⇒ 本問題文では "this" の意味合いが不明になってしまいます。

Ⓐ **I'm going to visit Kyoto for the first time in my life.**

Ⓐ **I'm going to Kyoto for the first time.**

⇒ 進行形は心理的・現実的に準備段階に入っている予定を表します（➡実戦演習⑸ p.80・語句選択）。

京都は今でも歴史が息づく街である。

Ⓑ **Kyoto is a historic city,**

⇒ historic：歴史的に有名な，由緒のある

ex. a historic town：歴史的にゆかりのある町

Ⓑ **Kyoto is a city where history is still alive,**

Ⓑ **Kyoto is a city which has a very long history,**

Ⓐ **History is still alive there,**

⇒ 前半で京都を訪れることを述べているので，ここではあえて「京都」を主語（文の中心要素）にせずに，「歴史」を主語にしています。

第2文	見るもの聞くものすべてが興味深い。
第3文	旅の思い出ほど楽しいものはなく，できるだけ多くの名所旧跡を回るつもりだ。

Step 1 問題文の解析：文章接続＆主語選択

ワクワク感

＊筆者の思いが綴られているだけなので，特に接続を意識せずに，ここでも各文をそれぞれ独立した文章として表現します。

＊**主語選択**・前半：(1) Anything，Everything　(2)私

＊**主語選択**・後半：(1) Nothing　(2)私

⇒ 各文の主語を，第２文では"Anything"，"Everything"を，第３文では「X ほど～なものはない」の定型表現を用いて"Nothing"を主語に設定して統一感を演出することもできます。

⇒ また，筆者の思いを表明する文章として，２文とも「私」を主語に設定し，筆者の"**ワクワク感**"を演出する案も考えることができます。

Step 2 語句選択

◆ すべて

＊all：（代名詞）すべてのもの・こと

ex. 私が言いたいのはこれだけだ。

All I want to say is this.

＊anything：いかなるもの

＊everything：あらゆるもの

◆ ～が興味深い

→ 対象が興味深い

＊S（対象）is [very] interesting

＊S（対象）is of [much] interest

ex. 京都のこの歴史地区は観光客には特に興味深い。

This historic district of Kyoto *is of* particular *interest* to tourists.

→ of interest：興味深い，おもしろい

＊S（対象）is fascinating：魅惑的な，すごくおもしろい

⇒ 人間が～に興味をもっている（状態）

＊S（人間）is interested in ～

＊S（人間）have an interest in ～

＊S（人間）is curious about ～：～について好奇心が強い，興味がある

ex. 外国人のなかには歌舞伎に興味を示す人がいる。

Some of foreign people *are curious about* kabuki.

＊S（人間）is curious to-V：しきりに～したがる

→ V は know，see，hear などです。

ex. 彼が何を言うか知りたい。

I'*m curious to* know what he will say.

⇒ 人間が～に興味をもつ（動作）

＊S（人間）take [an] interest in ～

⇒ 人間が～にわくわくする

＊S（人間）is excited at / about ～：～にわくわくしている・わくわくする

ex. 明日，彼女に会えると思うとわくわくする。

I'*m excited about* seeing her tomorrow.

→受動態は動作・状態のいずれの意味も表すことができます。

◆ 旅

＊travel：長期間にわたる旅行

＊trip：比較的短期の往復旅行

＊journey：時間も距離も長い旅行

＊voyage：船・飛行機などによる長い旅行

＊tour：各地を訪れる周遊旅行

＊excursion：団体による小旅行・遠足

◆ 思い出

＊memories：通例，複数形で，個々の思い出をいう場合は単数形にします。

◆ Xほど～なものはない

＊Nothing / No [other] ＋名詞 is as ～ as X

＊Nothing / No [other] ＋名詞 is 比較級＋ than X

→ この定型表現における名詞は単数形が用いられることが多いですが，通例の“no ＋単数名詞 / 複数名詞”の形において，数えられる名詞の場合，単数形 / 複数形のいずれで表現するかは，その名詞が通常で複数存在する場合は複数形で，1つしか存在しない

場合は単数形で表します。

ex. ビルは部屋に一冊も本を置いていない。

Bill has *no books* in his room.

ex. 彼には妻がいない。

He has *no wife*.

◆ 楽しい

⇒S（人間）が楽しい

→Sが楽しんでいる

＊happy：強い喜びを表現するものではなく，穏やかな喜びの状態を表します。

＊glad：happy よりも嬉しい感情を表します。

ex. あなたにお会いできて嬉しい。

I'm *glad* to meet you.

＊pleased：喜びと満足の気持ちを表します。

＊delighted：pleased よりもさらに大きな喜びを表します。

＊excited：はらはら・わくわくする楽しさを表します。

→S is happy，S is glad が主語の楽しい状態をいうのに対して，S is pleased with ～，S is delighted with/by/at ～，S is excited about/by/at ～などは主語が何らかの対象によって楽しまされた状態を表し，かつ前置詞以下に焦点が当たる表現です。

ex. 新しい仕事はとても楽しい。

I'm very pleased *with my new job*.

⇒S（事物・人間）が楽しい

→Sが楽しませる

＊pleasant：楽しい気持ちのよさを表します。

ex. 彼と話をするととても楽しい。

It is very *pleasant* to talk with him.

≒ He is very *pleasant* to talk with. (➡ツール編 p.43・4(1)②(2))

≒ I'm very pleased to talk with him.

× I'm very pleasant to talk with him.

＊delightful：pleasant よりも強い喜びを表します。

ex. 彼女はとても人を楽しくさせてくれる人だ。

She's a *delightful* person.

＊joyful：幸福感に満ちた大きな喜びを表します。

◆ できるだけ多くの名詞

＊**as many ＋名詞＋ as possible/S can**

◆ 名所旧跡

＊**places of scenic beauty and historic interest：名所旧跡**

＊**historic places/sites/spots：歴史的に有名な場所**

→ historic：歴史的に有名な，歴史上重要な

ex. historic places：史跡，旧跡

→ historical：歴史の

ex. historical science：史学，歴史学

ex. historical studies：歴史研究

＊**the sights：名所**

◆ ～を回る

＊**see the sights of ～：～を観光する**

＊**make the rounds of ～：～を次々と回る・訪問する**

＊**tour ～：～を見学する・周遊する**

◆ ～するつもり

➡実戦演習(5) p.80・語句選択

Step 3 英文作成

見るもの聞くものすべてが興味深い。

Ⓑ **so I'm very interested in whatever I can see and hear there.**

⇒前文（歴史が息づいている）を受ける形で，その結果として文を続けています。

⇒whatever S V ～：～するものは何でも

Ⓑ **so everything that I can see and hear there will be of interest to me.**

Ⓐ **so I'm curious to see and hear everything there.**

Ⓐ **so I'm excited at everything I can see and hear there.**

⇒ "**excited**" を用いて**ワクワク感**を表現しています。

旅の思い出ほど楽しいものはなく,

Ⓑ **Nothing is as pleasant to me as the memories of a trip.**

⇒ Nothing is as ～ as X : X ほど～なものはない

Ⓐ **Nothing can make me happier than the memories of a trip.**

⇒ 無生物主語構文 (**➡ツール編 p.50・5(1)**)

Ⓐ **I'm most pleased with the memories of a trip.**

⇒ 通例, 特定の同一対象に対する最上級には the をつけません。

ex. 私は料理をしているときが一番楽しい。

I feel *happiest* when I'm cooking.

ex. この湖はこのあたりが最も深い。

This lake is *deepest* at this point.

できるだけ多くの名所旧跡を回るつもりだ。

Ⓑ **I'm going to visit as many historic places as possible.**

⇒ "be going to-V" は意図や予定を述べる表現です (**➡実戦演習(5) p.81・語句選択**)。ここでは単なる意図や予定ではなく, 筆者のワクワク感を演出したいところです。

Ⓐ **I'm looking forward to visiting as many historic sites as possible.**

⇒「～するつもり」を単に予定や計画ではなく, "**look forward**" を用いて**ワクワク感**を演出しています。

第4文　**だが，残念なことに，年々味も素っ気もないオフィスビルやけばけばしいコンビニエンス・ストアーが増えて，その風情が急速に失われてきているという。**

Step 1 問題文の解析：文章接続＆主語選択

ガッカリ感

＊オフィスビルやコンビニが増えて，その風情が急速に失われてきている。

⇒「歴史が息づく街である・楽しみである（**ワクワク感**）」⇔「風情が急速に失われつつある・残念である（**ガッカリ感**）」という対比関係が本問題文の骨子ですから，「オフィスビルやコンビニの増加 ⇒ 風情の喪失」という因果関係の特定ではなく，**「残念なことに京都の風情が失われつつある」を主情報にして，「風情の喪失」に焦点を当てる**べきだと判断します。

→「オフィスビルやコンビニの増加 ⇒ 風情の喪失」の因果関係は控え目に表現します。

⇒またさらに**「急速な出現」⇔「急速な喪失」の対比関係**も意識したいところです。

＊主語選択：(1)オフィスビル・コンビニ　(2)風情　(3)京都

Step 2 語句選択

◆ 残念なことに

＊unfortunately：不運・不幸で残念で

＊regrettably：悔しくて・後悔するほどに残念で

＊to one's disappointment：失望して・がっかりするほどに残念で

◆ 年々

＊year by year：年とともに変化していく場合に用いられます。

＊year after year：年ごとに同じことが繰り返される場合に用いられます。

⇒ **毎年：every year**

◆ 味も素っ気もない

＊**dull**：面白みのない，つまらない

＊**boring**：退屈な，うんざりさせる

⇒ 興味がわかない：**uninteresting**

⇒ 無味乾燥な：**tasteless**

ex. 味も素っ気もない彼の話には死ぬほどうんざりした。

His *dull* speech bored me to death.

◆ けばけばしい

＊**showy**：（悪い意味で）目立つ，派手な

＊**loud**：（非難として）衣服・色などが派手な，けばけばしい

＊**garish**：（不快なほどに）建物・文章などが飾り立てた，ギラギラする

＊**pretentious**：（これ見よがしに）建物などが派手な，けばけばしい

◆ VするSが増えている

＊**S＋関係詞 V～＋is increasing / have been increasing [in number]**

→今後も続く可能性が高いことを示したい場合は，現在完了進行形で表現します。

→ increase：数量が増える，増加する

＊**The number of S＋関係詞 V～＋is increasing / has been increasing**

→上記の表現よりもさらに数量を意識した言い方になります。

＊**S＋関係詞 V～＋is growing**

◆ VするSがますます増えている

＊**More and more S are V-ing～** （➡進行形：ツール編 p.31・3(2)③）

⇔ Fewer and fewer S are V-ing～：VするSがますます減っている

＊**An increasing / A growing number of S are V-ing～**

◆ 風情

＊**charm**：魅力

＊**elegance**：優雅さ・気品

＊**grace**：優美さ・趣

＊**taste**：味わい

⇒ 伝統的な雰囲気：**traditional atmosphere**

◆ 急速に

➡実戦演習(6) p.101・語句選択

◆ ～が失われる

⇒ 消える：**disappear, vanish, be gone, go out of sight**（➡実戦演習(4) p.71・語句選択）

◆ ～してきている

⇒ ～しかかっている・～しつつある：**be + V-ing（進行形・接近）**（➡ツール編 p.30・3(2)）

◆ ～という

＊I hear that ～：～らしい（うわさに聞いている）（➡実戦演習(6) p.103・英文作成，実戦演習(9) p.152・語句選択）

＊It is said that S V ～ / S is said to-V ～：～だと言われている

Step 3 英文作成

Ⓐ **However, to my disappointment, I hear that as more and more tasteless offices and showy convenience stores are emerging to Kyoto year by year, its charm is rapidly disappearing.**

⇒ as S V：～するにつれて（時間の経過）（➡ツール編 p.58・5(4)）

Ⓐ **However, I'm disappointed to hear that more and more tasteless office buildings and showy convenience stores are appearing in Kyoto every year, and therefore the elegance of Kyoto is rapidly disappearing.**

⇒ "be disappointed to-V"（➡不定詞・感情の原因：ツール編 p.43・4(1)②(2)）で"**ガッカリ感**"を表現しています。

⇒「急速に風情が失われつつある」ことを文末にもってくることで，全体構成のポイントとなる「歴史が息づく街である」との対比性を強調する形をとっています。

⇒ **"appearing" ⇔ "disappearing" で対比関係**を演出しています。

京都を訪れるのははじめてだが，京都は今でも歴史が息づく街である。見るもの聞くものすべてが興味深い。旅の思い出ほど楽しいものはなく，できるだけ多くの名所旧跡を回るつもりだ。だが，残念なことに，年々味も素っ気もないオフィスビルやけばけばしいコンビニエンス・ストアーが増えて，その風情が急速に失われてきているという。

《ベストアンサー》

I'm going to Kyoto for the first time. History is still alive in Kyoto, so I'm excited at everything I can see and hear there. I'm most pleased with the memories of a trip and looking forward to visiting as many historic sites as possible. However, I'm disappointed to hear that more and more tasteless office buildings and showy convenience stores are appearing in Kyoto every year, and therefore the elegance of Kyoto is rapidly disappearing.

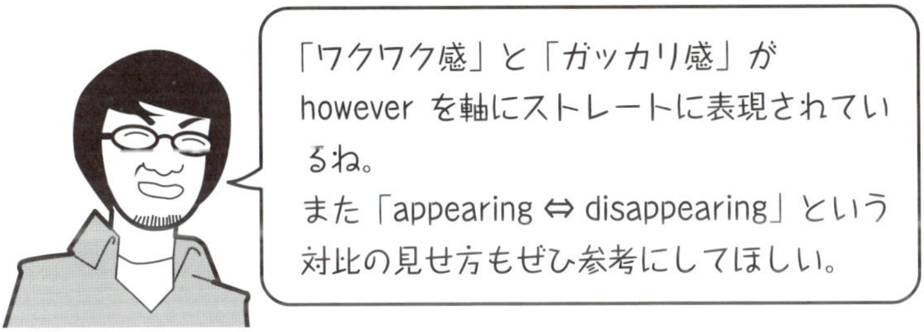

「ワクワク感」と「ガッカリ感」が
however を軸にストレートに表現されている ね。
また「appearing ⇔ disappearing」という
対比の見せ方もぜひ参考にしてほしい。

【練習問題】 日本語の文意に合うように，次の語句を並べ替えて英文を完成しなさい。なお，文頭にくる語句も小文字で表しています。 （➡解答 p.190）

1．彼は生まれてはじめて一人暮らしを始めた。（1語不足）
the / life / first / for / to / by / in / he / his / began / live / time

....

2．この街は古い日本の伝統が今なお息づいている。（1語不足）
this / old / town / of / the / alive / are / traditions / Japan / still

....

3．今度の英語の先生がどんな人かとても興味がある。（1語不足）
what / teacher / I / our / to / English / new / of / am / is / know / interested

....

4．彼は彼女のことなら何でも知りたがる。
about / to / curious / he / everything / her / is / know

....

5．この旅行はいつまでも楽しい思い出となることだろう。
memory / us / trip / will / a / with / this / as / happy / stay

....

6．彼女は話していてとても楽しい。（1語不要）
with / is / very / she / talk / pleased / pleasant / to

.

7．喜んでいる子供を見るとこちらまで楽しくなってくる。（1語不要）
happy / delighting / delighted / me / a / makes / child

.

8．結婚後も別姓を選ぶ女性がますます増えている。
of / maiden names / marriage / to / women / keep / have / their / a / after / growing / chosen / number

.

9．最近，車を運転しない若者がますます増えている。（1語不足）
today / driving / and / people / fewer / young / are

.

10．この街には以前のような風情がなくなったと言われている。（1語不足）
said / charm / its / city / lost / this / is / have

.

実戦演習(8) 以下の日本文を英訳しなさい。（オリジナル）　**難易度★★★★**

多くの人々にとって携帯電話のない生活など考えられないでしょう。しかし，その使い方をめぐっては賛否両論があるようです。確かに，携帯電話があれば，友人と話したい時にいつでも電話をかけることができます。約束に遅れそうな場合には特に便利だとも思います。一方，電車やバスの中で個人的なことを大声で話して，他人に迷惑をかけている人もいます。また，運転中の携帯電話の使用は重大な事故につながることもあります。結局，携帯電話自体が問題なのではなく，使う人の問題なのです。

直訳的英作文の作例（総合評価・Ⓓ：19点／40点満点）

For many people, life without cellular phones can't be thought. But there seem to be arguments both for and against how to use it. Certainly if there is a cellular phone, you can call your friends whenever you want to. I think that it is especially convenient when I'm almost late for a promise. On the other hand, there are people who trouble others by talking about private things loudly in a train or a bus. Also, the use of a cellular phone in driving can sometimes cause serious accidents. In the long run, a cellular phone itself is not the problem, but it is the user's problem.

完全NGワード! **can't be thought, how to use, problem**

解　説

第1・2文

◆think＋O（第3文型）の場合，目的語には名詞がくることはなく，that節が目的語になります。"think" は名詞を目的語とする際には of/about などの前置詞を必要とします。また，think of/about は主に「問題解決などのために考える・検討する」といった意味になります。

→ Many people can't think about life without cellular phones.（能動態）

⇔ Life without cellular phones can't be thought about.（受動態）

◆「使い方」を “how to use a cellular phone” とすると「携帯電話の操作方法」の意味になってしまします。

〈採　点〉

For many people, life without cellular phones can't be thought(−3). But there seem to be arguments both for and against how to use it(−2).

第3・4文

◆“if there is a cellular phone”：携帯電話を持っているかどうかわからないような不確実な状況下で「携帯電話があれば」と表現する場合は “if” の出番となりますが，一般的な状況では携帯電話を持っているのが普通でしょうから，あえて “if” を用いる必要はありません（➡ p.194 コラム(1)）。また，ここで there 構文を用いるのも不自然です。

◆“I think” は通例，主張表現を和らげる役割を担います（➡実戦演習(5) p.92・語句選択）。

◆“especially” は “convenient” ではなく，“when” の前方に置き “when” との修飾関係をもたせるほうが自然です（➡ p.138 語句選択）。

◆“promise” は「実行の誓いとしての約束」をいい，人と会う約束は “appointment” を用います（➡ p.137 語句選択）。

〈採　点〉

Certainly if(△) there is(−1) a cellular phone, you can call your friends whenever you want to. I think(−1) that it is especially(△) convenient when I'm almost late for a promise(−2).

第5・6文

◆“there are pepole”：ここも「人々の存在」を明示するのではなく，「人々がどんなことをしているのか」を表現するべきです。

◆“by talking ~”：携帯電話のデメリットについての具体例ですから，by を用いて原因・手段を明示する必要はあえてありません。

◆“talking about ~ loudly”：日本文では通用しても，英文では「携帯電話で大声で話す」と「携帯電話で」を補わないと，単に「大声で話す」ことで迷惑をかけることになります。

〈採　点〉

On the other hand, there are (−1) people who trouble others by (−1) talking about private things loudly (−1) in a train or a bus. Also, the use of a cellular phone in driving can sometimes cause serious accidents.

第7文

◆“in the long run” は「長い目で見れば，長期的には」との意で，問題文の意味とはズレます（➡ p.142 語句選択）。

◆“problem” は「解決すべき問題」で，“a cellular phone is not the problem” とは「携帯電話は解決すべき問題ではない」といった，おかしな表現になってしまいます（➡ p.142 語句選択）。

◆“it” が文章中の何を指しているのか，指示対象が不明になっています。

◆“user's problem” とは「使用者の所有する問題」といった意味になってしまいます。

〈採　点〉

In the long run (−2), a cellular phone itself is not the problem (−3), but it (−2) is the user's problem (−2).

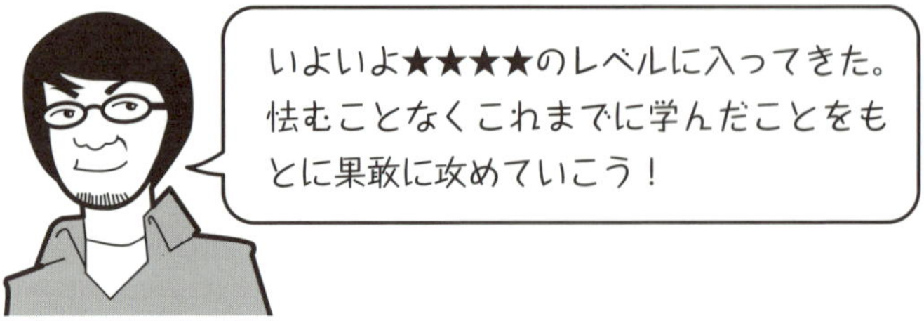

いよいよ★★★★のレベルに入ってきた。
怯むことなくこれまでに学んだことをもとに果敢に攻めていこう！

多くの人々にとって携帯電話のない生活など考えられないでしょう。しかし，その使い方をめぐっては賛否両論があるようです。確かに，携帯電話があれば，友人と話したい時にいつでも電話をかけることができます。約束に遅れそうな場合には特に便利だとも思います。一方，電車やバスの中で個人的なことを大声で話して，他人に迷惑をかけている人もいます。また，運転中の携帯電話の使用は重大な事故につながることもあります。結局，携帯電話自体が問題なのではなく，使う人の問題なのです。

全体構成とポイント

＊全体の骨子は以下のようになります。

問題提起：もはや携帯電話は必需品であるが，その利用には賛否両論がある。

⇒「**必需品⇔賛否両論**」→**譲歩**：A だけれども B だ

具 体 例：個人としてとても便利な側面がある一方で，公共的な場ではトラブルや事故の原因にもなりうるという負の側面がある。

⇒「**便利な側面⇔負の側面**」→**対照**：A である一方で，他方で B だ

主　　張：携帯電話それ自体ではなく，それを使う人の側の問題である。

⇒「**携帯電話⇔人**」→**逆接**：A ではなく B だ

＊さらに「賛否両論」,「他人に迷惑をかける」,「使う人の問題なのだ」などといった語句レベルの表現もポイントになってきます。

全体構成の解析

第1・2文

問題提起：必需品である　⇔（譲歩）　賛否両論がある

↓

第3〜6文

具 体 例：個人の利便性　⇔（対照）　公共の場での迷惑

↓

第7文

主　　張：携帯電話自体ではなく　⇔（逆接）　使う人の問題なのです

第1文 多くの人々にとって携帯電話のない生活など考えられないでしょう。

第2文 しかし，その使い方をめぐっては賛否両論があるようです。

Step 1 問題文の解析：文章接続＆主語選択

問題提起

*「しかし」を**逆接マーカーで表現すると，A項を否定的に捉えることになります**。「携帯電話がもはや必需品である」ことは否定される事柄ではないので，ここでは携帯電話が必需品であることを認めたうえで，「携帯電話は必需品だけれども，その利用方法をめぐっては賛否両論がある」と**譲歩**で表現するべきだと判断します。

*「その利用方法をめぐっては賛否両論がある」というのが主情報ですから，**賛否両論の存在を明示する**表現様式として**there 構文**の出番だといえます。

***主語選択**：(1)多くの人々　(2)賛否両論　(3)形式主語

Step 2 語句選択

◆ 携帯電話

***a cellular phone，a mobile phone**

◆ 賛否両論

***the pros and cons**

ex. 賛否両論に耳を傾けたほうがよい。

You should listen to *the pros and cons.*

***arguments both for and against ～**

ex. その案には賛否両論がある。

There are *arguments both for and against* the measure.

⇒ **議論・討論**

***discussion：結論を求めて意見を述べ合う討論**

***debate：公的な問題について対立する意見を述べ合う討論**

***argument：根拠を示しながら自らの意見を主張するための議論**

***dispute：感情の対立を伴う口論・論争**

＊controversy：衆人を巻き込む長期にわたる論争

ex. その問題について随分討論されたが，いまだに議論がつきない。

There has been much *discussion* on the subject and it is still in *dispute*.

→ in/under dispute：論争中で，未解決で

ex. 私たちは国際協力について活発な討論をした。

We had a lively *debate* about international cooperation.

ex. 公共の場での携帯電話の使い方をめぐっては賛否両論がある。

We have many *arguments* over how we should use a cellular phone in public spaces.

ex. 早期の英語教育をめぐってはかなりの論争がある。

There is considerable *controversy* over early teaching English.

Step 3 英文作成

Ⓐ **While not many people think that they can do without a cellular phone, there are many arguments over how they should use it.**

⇒ "many" の後に否定語を続けることはなく（many ～ not の語順は ×），"not ～ many" の語順をとります。

⇒ "do without ～"：～なしですませる

⇒ "not many ⇔ many" で対比性を演出しています。

⇒「使い方」を「どのように使うべきか」と表現しています。

Ⓐ **Though it would be impossible for most people to imagine life without a cellular phone, there seem to be different opinions about how it should be used.**

⇒ 形式主語＋不定詞を用いることで客観的な描写スタイルとなっています。

→ "would"：話し手の高い信頼度を表します。

⇒「あるようです」という表現に対して，"seem" を用いています。

→ **"seem"（～のように思われる）は，主観的な推量や判断を表し，通例，確定的なことではないことを表しますが，問題提起文や主張文において，断定口調を和らげる際にも用いられます** （➡ツール編 p.26・2(5)）。

⇒「賛否両論」という言葉を意識せずに，「様々な意見」と表現しています。

《発展レベル》

Whether cellular phones are convenient or troublesome depends on how they are used, though they are one of the necessities of life for a lot of people.

⇒「賛否両論」という言葉を意識せずに，さらに内容的な側面から表現しています。

⇒ depend on ～：～次第である，～にかかっている

⇒ 生活必需品：a necessity of life

第3文 ～ 第6文 **確かに，携帯電話があれば，友人と話したい時にいつでも電話をかけることができます。約束に遅れそうな場合には特に便利だとも思います。一方，電車やバスの中で個人的なことを大声で話して，他人に迷惑をかけている人もいます。また運転中の携帯電話の使用は重大な事故につながることもあります。**

Step 1 問題文の解析：文章接続＆主語選択

賛否両論の具体例の展開

＊〈**賛成意見**〉　　　〈**反対意見**〉

個人としては　　　公共の場においては

とても便利な側面がある　⟷ 対照　トラブルや事故の原因にもなる

⇒“利便⇔不便”の対照性を，“on the other hand”や“while”を用いて表現します（➡ツール編 p.6・1⑴③）。

＊**主語選択**：第３文・携帯電話　　第４文・形式主語

＊**主語選択**：第５文・人々　　第６文・携帯電話の使用

Step 2 語句選択

◆ 確かに

＊**certainly：譲歩や主張を示します。**

ex. He's *certainly* an able worker, but I don't want to work together with him.
確かに彼は有能な人だけれども，一緒には働きたくはない。（譲歩）

→ 譲歩を表し主文へとつなぐ役割をはたします。

ex. Since she works hard every day, she will *certainly* succeed.
彼女は毎日懸命に働いているので，きっとうまくいくだろう。（主張）

→ 信用できる事柄や裏付けを十分に得て断言します。

⇒ 疑いなく：**no doubt，undoubtedly，beyond/without doubt**

◆ 〜があれば…できる

＊無生物主語構文

→ S＋make/help＋O＋原形

→ S＋enable/allow/permit＋O＋to-V（➡ツール編 p.9・1(2)②，p.50・5(1)）

＊with 〜：〜があれば

ex. スマートフォンがあればいつでもネットにアクセスできる。

With a smart phone, you can access the Internet anytime.

◆ 〜に電話をかける

＊call/telephone/phone ＋ O　　**＊make a call to 〜**

◆ 約束

＊promise：実行の誓いとしての約束

＊appointment：会合や仕事上の約束，病院などの予約

◆ 〜に遅れる

＊miss ＋ O：〜に乗り遅れる，会合などに間に合わない

ex. 今朝はいつもの列車に数秒差で乗り遅れた。

I *missed* my usual train by seconds this morning.

＊be late for 〜：〜に遅れる

ex. 今朝，約束に遅れた。

I *was late for* my appointment this morning.

ex. 列車が遅れたので彼は会合に間に合わなかった。

The train *was late* and he missed the meeting.

⇒ 〜が遅れる

＊be delayed：（悪天候・事故などで）遅れる

ex. 事故のため列車は大幅に遅れた。

The train *was* seriously *delayed* by the accident.

＊behind schedule：予定・定刻に遅れて

ex. 列車は定刻より１時間遅れて到着した。

The train arrived an hour *behind schedule.*

◆（危うく）Vしそうになる

＊almost + V, nearly + V （➡実戦演習⑸ p.85・語句選択）

◆特に

＊especially：（他と比較して）特に，とりわけ

ex. このプレゼントは特にあなたのためです。

This present is *especially* for you.

→ 形容詞や前置詞句，副詞節の直前に置かれます。

＊particularly：（他から特定して）特に，とりわけ

◆便利な

＊convenient：都合のよい・便利な　**＊useful：役に立つ**　**＊handy：手ごろな**

ex. 都会では自動車より自転車の方がはるかに便利だ。

Bicycles are much more *convenient* than cars in cities.

◆電車やバスの中で

＊on/in a train or a bus

◆個人的なこと

＊a personal/private matter：個人的な事柄・事情

＊one's affairs：～の個人的な問題・関心事

◆大声で

＊loudly, in a loud voice

◆他人・他者

＊someone, another person（単数）

＊other people, others（複数）

⇒ 周りにいる人々

＊others around ～，those around ～：～の周辺の人々

＊neighbors：隣席の人々

◆ 迷惑をかける

⇒ 迷惑・厄介をかける

＊make a nuisance of oneself：周囲に迷惑をかける，厄介者になる

→ nuisance：厄介な事・行為・人

ex. 君はいつも周りに迷惑をかけているね。

You are always *making a nuisance of yourself.*

= You are always *making yourself a nuisance.*

→進行形による感情表現（➡ツール編 p.31・3(2)）

⇒ 困らせる・悩ませる

→ bother < annoy < trouble の順で意味が強くなります。

＊bother：邪魔をして困らせる・うるさがらせる

ex. そんなつまらない事で邪魔をしないでくれ。

Don't *bother* me with such trifles.

＊annoy：いらつかせる，むっとさせる

ex. 彼女の無神経さに我々は閉口した。

She *annoyed* us with her insensitivity.

＊trouble：長期にわたって悩ませる

→ trouble＋O，give＋O＋trouble，put＋O＋to trouble：O を悩ませる

ex. 彼女は息子の問題で悩んでいる。

She is *troubled* about her son's problem.

⇒ いらいらさせる

＊irritate：いらいらさせて怒らせる

ex. 彼のばかげた質問に腹がたった。

His foolish questions *irritated* me.

⇒ 不快にする・不愉快な思いをさせる

＊make ＋ O ＋ uncomfortable

＊make ＋ O ＋ feel unpleasant

☞ ここでの「迷惑」は困らせる・悩ませるといった強い意味の迷惑ではなく，むしろ人を不快・不愉快にさせる程度の迷惑さと解釈するほうが自然だといえます。

◆ Vする人もいる

＊**Some people ＋ V～**（➡実戦演習(1) p.20・語句選択）

◆ 重大な

＊**serious**：深刻な，重大な　　＊**significant**：重要な意味をもつ

◆ 事故

＊**accident**：思いがけなく起こる不慮の事故

＊**incident**：重大な事件に発展する可能性をもつ事件

◆ ～につながる

＊**lead to ～**：～につながる，～を引き起こす

⇒ ～を引き起こす

＊**bring about ～**：変化・失敗などを引き起こす

＊**cause ～**：損害・苦痛などを引き起こす

＊**give rise to ～**：悪い事・状況を引き起こす

ex. そういう不用意な言葉は誤解のもとになるだろう。

Such careless words will *give rise to* misunderstanding.

⇒ ～に終わる

＊**end up in ～**：～に終わる

ex. そのような不注意は死につながるものだ。

Such carelessness could *end up in* a fatal accident.

→「～するものだ」（➡実戦演習(2) p.43・語句選択）

◆ ～することもある

＊**can/could ＋ V**：時に～することがある（➡実戦演習(2) p.44・語句選択）

Step 3 英文作成

＊第３文～第４文：便利な側面の具体例

Ⓐ　**Certainly a cellular phone enables you to call your friends whenever you want to talk to them.　Also, it is convenient especially when you are late for an appointment.**

⇒無生物主語構文：enable＋O＋to-V（➡ツール編 p.9・1(2)②，p.52・5(1)②）

＊第5文～第6文：不便な側面の具体例

Ⓐ **On the other hand, some people talk loudly about their private matters with a cellular phone on a train or a bus, so they often make neighbors very uncomfortable. In addition, the use of a cellular phone while driving can sometimes lead to serious accidents.**

⇒the use of a cellular phone：**無生物主語構文＋名詞構文**（➡ツール編 p.55・5(2)）

第7文 **結局，携帯電話自体が問題なのではなく，使う人の問題なのです。**

Step 1 問題文の解析：文章接続＆主語選択

主張文

＊この問題文の主張文ですから強く表現します。

⇒「AではなくBだ」の強調表現は，通例，「not A but B＋強調構文」の表現様式をとります（➡**強調構文に関しては，ツール編 p.22・2(3)**）。

→ It is not A but B that ～，It is not A that ～, but B，It is B that ～, not A

＊「結局」

⇒ここでは結論や帰結ではなく，**主張文への導入**の役割を果たす語句となっています。従って，これを "finally" や "in the end" などで表現するのは誤りで，「要するに」や「一言で言うと」などと表現するべきだと判断します。

＊**主語選択**：使う人

Step 2 語句選択

◆ 結局

⇒**要するに**：**in short, in a word**

⇒**最終的に**：**finally, eventually, in the end**（➡実戦演習(5) p.79・語句選択）

⇒結局は：**in the long run**

ex. この材料を使う方が結局は安くつくよ。

It will be cheaper *in the long run* to use this material.

⇒意に反して結局は：**after all** （➡実戦演習⑼ p.158・語句選択）

◆ 自体

＊itself：（強調表現として）それ自体

→単数名詞の直後に置きます。

ex. 地震で家が大きく揺れたけれども，家の骨組み自体は大丈夫だ。

Though the house shook violently in the earthquake, its structure *itself* is all right.

◆ 問題である

⇒鍵となる

＊S is the key [to ～]：Sが（～にとって）鍵となっている

＊S hold the key [to ～]：Sが（～にとって）鍵を握っている

◆ 問題

＊question：答が求められる問題・質問

ex. なぜ勉強をしなければならないのか息子に尋ねられたが，その問題を解決するのは難しい。

My son asked me why he should study. It is difficult to answer the *question*.

＊problem：解決が求められる困難な問題

ex. 貧富の格差が広がっていると言われているが，その問題を解決するのは難しい。

People say that there is a widening gap between the rich and the poor. It is difficult to solve the *problem*.

＊issue：論争の対象になる社会的な問題

ex. 彼らは様々な社会問題についてあらゆる角度から話しあった。

They discussed social *issues* in all their aspects.

Step 3 英文作成

Ⓐ **In a word, it is the person using a cellular phone who holds the key to**

the issue, not the cellular phone itself.

⇒ the issue：携帯電話をめぐる社会的な問題

⇒ it is ～ who…：強調構文

《発展レベル》

In fact, everything depends on how you use it, not the cellular phone itself.

⇒「問題」という言葉を意識せずに文意をとって表現しています。

→「すべては携帯電話それ自体ではなく，それをあなたがいかに使うかにかかっているのだ。」

⇒ "in fact"：(前言を補強して) 実際に (➡ツール編 p.26・2(5))

⇒ "not A but B" = "B, not A"

多くの人々にとって携帯電話のない生活など考えられないでしょう。しかし，その使い方をめぐっては賛否両論があるようです。確かに，携帯電話があれば，友人と話したい時にいつでも電話をかけることができます。約束に遅れそうな場合には特に便利だとも思います。一方，電車やバスの中で個人的なことを大声で話して，他人に迷惑をかけている人もいます。また，運転中の携帯電話の使用は重大な事故につながることもあります。結局，携帯電話自体が問題なのではなく，使う人の問題なのです。

《ベストアンサー》

While not many people think that they can do without a cellular phone, there are many arguments over how they should use it. Certainly a cellular phone enables you to call your friends whenever you want to talk to them. Also, it is convenient especially when you are late for an appointment. On the other hand, some people talk loudly about their private matters with a cellular phone on a train or a bus, so they often make neighbors very uncomfortable. In addition, the use of a cellular phone while driving can sometimes lead to serious accidents. In a word, it is the person using a cellular phone who holds the key to the issue, not the cellular phone itself.

【練習問題】 日本語の文意に合うように，次の語句を並べ替えて英文を完成しなさい。なお，文頭にくる語句も小文字で表しています。 （➡解答 p.191）

1．その問題は専門家の間でもいまだに論争がたえない。
experts / is / controversy / that / still / a / of / among / matter

……………………………………………………………………………………………….

2．時間があればパーティーにお伺いします。
time / I'll / to / party / if / permits / your / come

……………………………………………………………………………………………….

3．事故のため 10 分の遅れが出ている。
because / ten / the / is / minutes' / delay / of / accident / there

……………………………………………………………………………………………….

4．ご迷惑でなければ，明日にでもお伺いします。
you / you / will / call / is / tomorrow / it / not / , / if / I / for / on / inconvenient

……………………………………………………………………………………………….

5．大変ご迷惑をおかけして申し訳ございません。（1 語不足）
trouble / I / you / to / so / have / sorry / put / much / am

……………………………………………………………………………………………….

6．飲酒運転は重大な事故につながる。（1語不足）
gives / serious / drunk-driving / to / accidents

.

7．どっちの道を行っても結局は同じ所に出られますよ。（1語不足）
in / same / will / road / lead / the / the / either / spot / to

.

8．計画それ自体では悪くない。（1語不足）
all / itself / the / is / right / plan

.

9．その男が信用できるかどうかが問題だ。
the / the / is / trusted / question / man / can / whether / be

.

10．その男が信用できるかどうか問題だ。
the / is / trusted / questionable / man / can / whether / be / it

.

実戦演習(9) 以下の日本文を英訳しなさい。（オリジナル）　**難易度★★★★**

　最近，環境問題に関心を示す人々が増えているように思われる。ある友人も環境問題を意識して，先日，引っ越したのを機に車に乗らなくなったらしい。今後ますますこうした人達が増え，より積極的に取り組めば，地球をもとの姿に少しでも近づけていけるだろう。

　しかしながら，彼によると，「やはり車は何かと便利で，手放せない」と言う人も依然として多いとの話でもあった。生活の利便性と環境問題のバランスをいかにとるのかということが，我々が直面するもう一つの大きな課題である。

直訳的英作文の作例（総合評価・Ⓓ：11 点／ 40 点満点）

Recently the number of people who show interest in the environmental problem seems to be increasing. I heard that, being conscious of it, a friend of mine stopped driving a car, taking advantage of moving the other day. If these people increase more and more in number and tackle positively from now on, it will be possible to make the earth go as near what it was as possible.

However, according to him, he also said that many people even now said to him, “Still cars are convenient in many ways, so I can't part with them.” How we keep a balance between the convenience of life and the environmental problem is another big task which we face.

完全NGワード! recently, interest, conscious, according to

解　説

第1パラグラフ

◆“recently” は過去形もしくは現在完了形で用いられます（➡ p.149 語句選択）。

◆“the number of ~ increase” とは数量の増加に焦点を当てるスタイルです。

◆“interest” は「興味本位の関心」を意味します（➡ p.150 語句選択）。

◆“being conscious ~”：分詞構文は補足情報を表します。「環境問題への意識」は「車に乗らなくなった」ことへの直接の理由（主情報）として強く表現するべきです（➡ p.151 問題文解析）。

◆"take advantage of ～" は「好事・利点・成果などを利用して」という意味合いになり，文意からははずれた表現になってしまいます（➡ p.152 語句選択）。

◆"if" は不確実な条件を表現します。環境を意識する人々が増えているという事実が語られている中で，条件節を用いるのは不自然です。

◆"increase more and more in number" は不適切な表現です（➡実戦演習(7) p.125・語句選択）。

◆"make the earth go near ～" という表現は「地球を位置的・場所的に～へ近づける」となって意味をなしません。

◆"what S was" は通例，主語の質的な劣化を表す際に用いられます（➡実戦演習(6) p.102・語句選択）。

〈採　点〉

Recently (−2) the number of (−1) people who show interest (−2) in the environmental problem seems to be increasing. I heard that, being (−3) conscious (−2) of it, a friend of mine stopped driving a car, taking advantage of moving (−2) the other day. If (−2) these people increase more and more in number (−3) and tackle positively from now on, it will be possible to make the earth go as near (−3) what it was (−2) as possible.

第2パラグラフ

◆"according to ～"：「～によると」（➡実戦演習(3) p.57・語句選択）

◆"How we keep ～ is another big task."：英文としては "Another big problem is how we keep ～" とするのが自然です（➡ p.161・語句選択）。

◆"between A and B" の A と B には何らかの共通性や対照性が要求されます（➡ p.160 語句選択）。

◆"task" は「果たすべき仕務」を意味し，ここでの「課題」は「解決すべき問題」を意味します（➡ p.161・語句選択，実戦演習(8) p.142・語句選択）。

〈採　点〉

However, according to him (−2), he also said that many people even now said to him, "Still cars are convenient in many ways, so I can't part with them." How we keep a balance between the convenience of life and the environmental problem (−2) is another big task (−2)(−1) which we face.

> **最近，環境問題に関心を示す人々が増えているように思われる。ある友人も環境問題を意識して，先日，引っ越したのを機に車に乗らなくなったらしい。今後ますますこうした人達が増え，より積極的に取り組めば，地球をもとの姿に少しでも近づけていけるだろう。**
>
> **しかしながら，彼によると，「やはり車は何かと便利で，手放せない」と言う人も依然として多いとの話でもあった。生活の利便性と環境問題のバランスをいかにとるのかということが，我々が直面するもう一つの大きな課題である。**

全体構成とポイント

＊ある友人の話をもとに，第１パラグラフの環境問題への懸念と第２パラグラフの生活の利便性が対立するという構図となっています。

＊それぞれの対比や因果関係の表現もさることながら，本問題文では，「環境問題に関心を示す」，「環境問題を意識して」，「引っ越したのを機に」，「地球をもとの姿に少しでも近づける」，「何かと便利だ」，「生活の利便性と環境問題のバランス」などの語句レベルでも，**文意に沿った的確で自然な表現**ができるか，実戦演習(8)と同様に難関レベルでは大きなポイントになってきます。

全体構成の解析

第１パラグラフ：環境問題への意識（A項の展開）

環境問題に関心を示す人々が増えている。

ある友人も環境問題を意識して ➡ **車に乗らなくなった。**
理由　　　結果

⬇

ますます積極的に取り組めば ➡ **地球をもとの姿にできるだろう。**
条件　　　結果

⬆
しかしながら： 対比
⬇

第２パラグラフ：生活の利便性とのバランス（B項の展開）

その友人の話によると，車は何かと便利で手放せないと言う人も依然として多い。

⬇ 筆者の結論

生活の利便性と環境問題のバランスをいかにとるのかがもう一つの課題である。

第1文 **最近，環境問題に関心を示す人々が増えているように思われる。**

Step 1 問題文の解析：文章接続＆主語選択

問題提起

＊「増えている」に着目しただけの数量表現ではなく，問題文の主旨が「環境問題を意識する人々」と「利便性を優先して考える人々」との対比にあることから，「環境問題に関心を示す」に焦点を当てる表現を選択します。

＊「思われる」

⇒ 実戦演習(8)・英文作成（➡ p.135）で指摘したように，問題提起文において断定口調を和らげる表現として "seem" などを用いても，また問題文の内容が周知の事実でもあるので，よりストレートに「増えている」と表現してもよいでしょう。

＊**主語選択**：人々

Step 2 語句選択

◆ 最近

＊**recently**

→ 過去形，現在完了形で用いられ，現在形では用いられません。

ex. 最近，彼女は出産しました。

She had a baby *recently*.

ex. 彼らが結婚したのはつい最近です。

It's only *recently* that they've got married.

＊**lately**

→ 通例，現在完了形で多く用いられます。

ex. 最近，彼には会っていません。

I haven't seen him *lately*.

ex. 最近はよくビートルズを聞いている。

Lately I have been listening to the Beatles.

＊**nowadays, these days**

→ 現在形や現在進行形と用いられます。

→ 両者とも過去と現在との対比に用います。

→ these days がややくだけた言い方です。

ex. 最近はメールで連絡を取り合うのが普通です。

We usually contact each other by e-mail *nowadays*.

◆ 環境問題

＊an environmental problem/issue

◆ 関心を示す

⇒ 興味

＊show [an] interest in ～, express [an] interest in ～：～に興味・関心を示す

ex. その実験に彼らは強い関心を示した。

They *showed* a keen *interest in* that experiment.

＊take [an] interest in ～：～に興味・関心をもつ

＊be interested in ～：～に興味・関心をもっている（状態）

＊get interested in ～：～に興味・関心をもつ（動作）

⇒ 心配

＊be concerned about / over ～ / that ～：～を心配している・気になっている

ex. 彼女は両親の健康を気遣っている。

She's *concerned about* her parents' health.

＊be worried about / over ～ / that ～：～を心配している・不安に思っている

ex. 彼は飛行機事故のニュースを聞いて娘の身を案じた。

He's *worried about* his daughter to hear the news of the airplane crash.

＊be anxious about ～：～を心配している・不安に思っている

ex. 最近，国の将来を心配している人が多い。

Many people nowadays *are anxious about* the future of our country.

→ anxious は worried よりもかたい表現になります。

☞ ここでの「関心」は文意から「興味」ではなく，「心配・懸念」と捉えて表現するほうが的確です。

◆ VするSが増えている

➡実戦演習(7) p.125・語句選択

Step 3 英文作成

Ⓐ **There seem to be many people who are concerned about the environmental problem these days.**

⇒"増えている"感を，"these days"を用いて過去と対比しながら，there 構文を用いて多くの人々の存在を強調することで表現しています。

Ⓐ **More people nowadays are concerned over the environmental problems than ever before.**

⇒"増えている"感を，比較構文を用いることで表現しています。

→ than [ever] before：以前よりも

第2文 **ある友人も環境問題を意識して，先日，引っ越したのを機に車に乗らなくなったらしい。**

Step 1 問題文の解析：文章接続＆主語選択

ある友人の話（A項の展開）

＊**環境問題を意識して**（理由） ➡ **車に乗らなくなった**（結果）

⇒「**環境問題への意識 ⇒ 地球をもとの姿へ**」という因果関係が第1パラグラフの主旨ですから，「環境問題を意識して」を，補足情報を表す分詞構文（～して）などによってではなく，主情報として表現するべきだと判断します。

＊**主語選択**：ある友人

Step 2 語句選択

◆ ～を意識して

＊**be conscious of ～：～を意識している・気にしている**

ex. 自分の欠点は意識しておいたほうがよい。

You should *be conscious of* your faults.

＊be aware of ～：～に気づいている

ex. 最近は多くの人々は喫煙の危険性を十分に意識している。

Many people today *are* fully *aware of* the dangers of smoking.

☞ここでの「意識」も単に「気にしている・気づいている」というよりも「心配・懸念」と表現するほうがより的確です。

◆ 引っ越す

＊move [from A to B]：（A から B へ）移る，移転する，引っ越す

◆ ～するのを機に

＊taking an opportunity to-V：～する機会をきっかけに（分詞構文）

ex. 父は定年退職を機に料理を始めた。

My father took up cooking, *taking an opportunity to* retire.

＊taking an occasion to-V：～する機会・時をきっかけに（分詞構文）（➡実戦演習(5) p.92・語句選択）

＊taking advantage of ～：～を利用して（分詞構文）

→ take advantage of ～：（利点・好機など）～を利用する

☞「引っ越し」が車に乗らなくなる機会や好機になるという表現は不自然です。

◆ 乗らなくなる

＊stop + V-ing：～するのをやめる

☞「乗らなくなった」を「乗るのをやめた（stopped driving)」とすることもできますが，「～を機に」を「～して以来」と読み替え，「引っ越して以来，ずっと乗っていない・使っていない」と表現することもできます。

◆ ～らしい（伝聞）

＊I hear that ～（➡実戦演習(6) p.103・英文作成）

→人からの情報として間接的に耳にすることを表現します。

→直接聞く場合は，hear＋O＋原形 / V-ing の形をとります。

☞第 4 文に「彼が話してくれた」との表現があることから，ここでは He told me that ～などと表現していけばよいでしょう。

Step 3 英文作成

Ⓐ **A friend of mine told me that he hasn't been using a car since he moved the other day because he is worried about the environmental problems.**

⇒ 主情報である「環境問題への意識」を "because" を用いて強く表現しています。

⇒ 友人の環境問題への意識が現在も継続しているとして，時制の一致をさせずに現在形で表現しています（➡ツール編 p.36・3(4)）。

⇒ ここでも「意識」を「心配・懸念」と解釈し，さらに前文の "concerned" を "worried" に言い換えています（➡ツール編 p.14・1(3)）。

Ⓐ **A friend of mine told me that his concern about the environmental problem hasn't allowed him to use a car since he moved the other day.**

⇒ 主情報として表現するために，無生物主語構文で因果関係を明示しています。

→ allow＋O＋to-V：O が V することを可能にする（➡ツール編 p.52・5(1)）

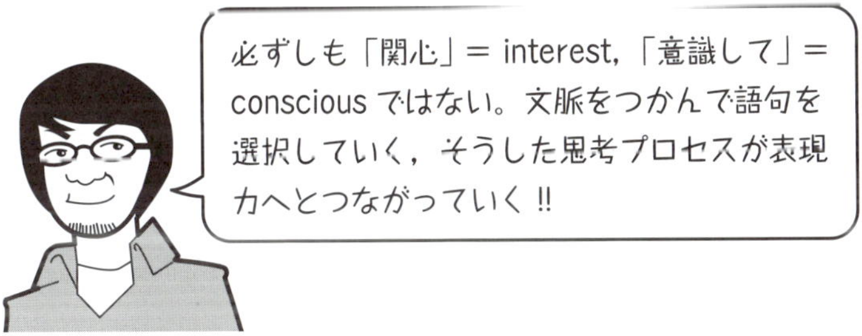

必ずしも「関心」＝ interest，「意識して」＝ conscious ではない。文脈をつかんで語句を選択していく，そうした思考プロセスが表現力へとつながっていく !!

第3文　今後ますますこうした人達が増え，より積極的に取り組めば，地球をもとの姿に少しでも近づけていけるだろう。

Step 1 問題文の解析：文章接続＆主語選択

筆者の見解

＊こうした人達が増え，より積極的に取り組めば

⇒逐語的に英訳すると冗長になってしまいます。このような場合，「より積極的に（こうした問題に）取り組む人達が増えれば」などと問題文を組み替え，より簡潔に表現していく工夫が必要です。

→問題文を組み替えたり，言葉を補ったり・削ったりする判断も表現力の証となります。

＊より積極的に取り組めば ➡ 地球をもとの姿に少しでも近づけられる

条件　　結果

⇒ここは第1パラグラフの主張文ですから，単なる条件節とその帰結文ではなく，強い因果関係で表現します。

＊地球をもとの姿に少しでも近づける

⇒"make the earth as close to its original condition as possible"

O　　C ← make ＋ OC（形容詞）：O を C の状態にする

→「地球をできる限りもとの状態に近づける」などと表現できますが，ここでも「できる限り」という表現は，日本語特有の断定口調を和らげる表現と判断できるので，「地球をもとの姿にする・もどす」と直接的に表現するほうが，英文ではわかりやすいでしょう。

＊主語選択：(1)人達　(2)積極的な取り組み　(3)形式主語

Step 2 語句選択

◆ 今後

＊from now on：今後ずっと

ex. これからは英語をもっと一生懸命に勉強します。

I'll study English much harder *from now on*.

＊in the future：今後は

→ 両者とも，現在の事柄と対比的に用いられ，「今までと違ってこれからは」というニュアンスを表現します。

ex. 今後はもっと注意してください。

Please be more careful *in the future*.

◆ VするSがますます増えている

➡実戦演習(7) p.125・語句選択

◆ 積極的に

＊actively：活動的に　**＊aggressively：攻撃的に**　**＊positively：前向きに**

＊eagerly：熱心に　**＊seriously：真剣に**

＊with a positive attitude：積極的な態度で

◆ 取り組む

＊work on ～：～に取り組む　**＊tackle ～：～を果敢に攻める**

＊approach ～：～に取りかかる　**＊address ～：～に対処する**

ex. この問題に一丸となって取り組まねばならない。

We have to *work on* this problem all together.

ex. 困難が予想されたけれども，彼らはその問題に前向きに取りかかった。

Though there was expected to be difficulty, they *approached* the problem in a positive manner.

→ There is expected to be S ～：Sが存在することが予想される

◆ ～すれば

＊if ～：もし～すれば

ex. この本を読めば日本料理のことがよくわかりますよ。

If you read this book, you will understand Japanese food.

→ 相手が読むかどうかわからない状況を表しますが，相手へ押しつける感覚は和らげられます。

＊when ～：～すれば

ex. この本を読めば日本料理のことがよくわかりますよ。

When you read this book, you will understand Japanese food.

→ 相手が読める状況では when を用います。相手へ勧める感覚が表現されます。

When you read this book, you understand Japanese food.

→ 主節を現在時制にすることでより確実に結果が得られることを表します。

◆ もとの

＊original：最初の，本来の，始めの頃の　　**＊old：過ぎ去った，昔の**

◆ もとの姿

⇒ もとの状態：original condition，original state

→「状態」(➡実戦演習⑽ p.176・語句選択)

⇒ 以前のような地球：the earth as it was before

→ 名詞＋ as it was before：以前のような名詞

⇒ 以前と同じような状態：the same condition as before

→ the same ＋名詞＋ as before：以前のような名詞

◆ もとの姿に近づける

⇒ 地球をもとの姿にする

＊make the earth close to / near the same condition as before

→ make＋O＋C：O を C の状態にする

→ close to ～：⑴（場所・時間）～に接近した　⑵（性質など）～に似かよった

near ～：⑴（場所・時間・程度）～に近い　⑵（原物・実物など）～に近い

＊make the earth in the same condition as before

→ the earth is in the same condition as before

⇒ 地球をもとの姿にもどす

＊make the earth go back to / return to / change into its original condition

→ make＋O＋原形：O に～させる

◆ 少しでも

⇒ できる限り：as ～ as possible，as ～ as S can

Step 3 英文作成

Ⓐ **When more and more people work on this problem actively, it is quite possible that their efforts will make the earth close to the same condition as before.**

⇒前文の “many”, “more” から “more and more” へと連動させることで, “ますます増大していく” 感を演出しています。

⇒It is quite possible that ～：～ということは十分にありうる

⇒未来の事柄を語っていることは英文の文意から明らかなことから, あえて「今後」を訳出していません。

Ⓐ **More and more people who work seriously on these problems will probably make the earth go back to its original condition.**

⇒第２パラグラフへの展開を意識して, “probably” によって弱める表現をとっています（➡ツール編 p.27・2(5)）。

第4文 **しかしながら, 彼によると, 「やはり車は何かと便利で, 手放せない」と言う人も依然として多いとの話でもあった。**

Step 1 問題文の解析：文章接続＆主語選択

手放せない人々（B項の展開）

＊A項：車に乗らなくなった ⟷ B項：車は手放せない
環境への意識　対照　利便性への執着

⇒次文で「両者のバランスが課題である」との結論が導き出されるわけですから, 「しかしながら」をここでは逆接マーカーではなく, 両者を対等に考える対照マーカーで表現するほうがより的確だといえます。

＊主語選択：(1)彼　(2)人々

Step 2 語句選択

◆ やはり

＊**still：それでもやはり，それにもかかわらず（逆接）**

ex. 練習はかなりしている。それでも空振りしてしまう。

I've practiced a lot. I *still* miss the ball.

＊**after all**

⑴（既知の理由の確認）やはり，何といっても（文頭）

ex. 今日，悪天候のために通信衛星の発射が中止になった。やはり自然というものはままならないものだ。

Bad weather prevented the communication satellite from launching today. *After all*, nature doesn't always go as we want.

⑵（前言の補足・説明）だって（文頭）

ex. ママがケーキとクッキーを焼いてくれたんだ。だって僕の誕生日だからね。

Mom's baked cakes and cookies for me. *After all*, it's my birthday.

⑶（結果が期待や予想，意図に反して）結局は（文末）

ex. 彼は試験に受かると思っていたが，結局はだめだった。

I thought he would pass the exam, but he failed *after all*.

☞ 本問題文の「やはり」は，逆接あるいは既知の理由の確認のいずれでも解釈可能です。環境問題を意識する人々との対比性を考えるならば "still" を，車の利便性の確認と考えるのであれば "after all" を用いて表現します。

◆ 何かと

⇒ 多くの・いろいろな点で：**in many/various ways**

◆ 便利な

＊**convenient, useful** （➡実戦演習⑻ p.138・語句選択）

◆ 手放す

＊**part with ～：（持ち物など）～を手放す**

＊**dispose of ～：（不用な物など）～を処分する**

⇒ ～なしですます：**do without ～, dispense with ～（よりかたく）**

ex. 携帯電話は手放せない。

I can't *do without* my cellular phone.

◆ 依然として

＊still：いまだに

＊even now：今でも （➡実戦演習(6) p.105・語句選択）

◆ VするSが多い

＊Many S + V ~

→ many は，通例，否定文または疑問文で用いられます。肯定文ではかたい表現となり，口語表現では a lot of, lots of などが用いられます。ただし，many ＋主語の形や副詞句内では比較的自由に用いられます。

⇔ [Very] few S+V~：V する S は(かなり)少ない，ほとんどいない

ex. 最近，結婚が幸せにつながると考える若者が多い。

These days *many young people think* a marriage leads to happiness.

ex. 多くの文化では，宗教は社会の安定に不可欠なものだと見なされている。

In many cultures, religion is regarded as essential to social stability.

◆ 話

⇒ 話の内容：what S say

one's story（時に話し手への疑念を暗示する場合もあります）

⇒ S が O に～を話す・伝える：S + tell + O + that ~

Step 3 英文作成

Ⓐ **On the other hand, he also told me that quite a few people say, "After all, cars are very convenient in many ways, so we can't do without them."**

⇒ quite a few ～：かなり多くの～

・「依然として多い」のニュアンスを「かなり多い」と考え，"quite a few" を用いて表現しています。

⇒ 内容が現在にも関わるものであることから，時制を一致させずに現在時制で表現しています （➡ツール編 p.37・3(4)）。

Ⓐ **On the other hand, he also told me that many people still say that cars are very useful in many ways, so they can't imagine life without cars.**

第5文　生活の利便性と環境問題のバランスをいかにとるのかということが，我々が直面するもう一つの大きな課題である。

Step 1 問題文の解析：文章接続＆主語選択

筆者の結論

＊唐突に結論を述べるスタイルではなく，問題文にはありませんが，結論を導く語句を入れ込む方が英文では自然な表現になります。

→ It follows that S V…：結果として…ということになる

→ It emerges that S V…：…という事実が浮かび上がってくる

＊**主語選択**：(1)課題　(2)我々

⇒「バランスをとることが課題である」を “To keep the balance ～ is a problem” ではなく，“The problem is to keep the balance” とするのが英文では一般的な表現です。

Step 2 語句選択

◆ 利便性

＊**convenience**

◆ ～と…とのバランスを保つ

＊**keep the balance between A and B**

→ between A and B：and は文法上，同じ性質の語・句・節を対等につなぎ，A と B に何らかの共通性や対照性があることを要求します。「生活の利便性」と「環境問題」には何の共通性も対照性もありません。そこで「生活の利便性と環境の保全・環境の持続可能性とのバランス」などと言い換える必要があります。

→ 環境の保全：the environmental conservation
　　　　　　the protection of the natural environment

→ 環境の接続可能性：the sustainability of the natural environment

◆ いかに～するのか

＊**how S [should] V ～**

◆ 直面する

＊**face + O, be faced with ～：～に直面している**

ex. 彼らは深刻な財政問題に直面している。

They *are faced with* serious financial problems.

＊**be confronted with ～：～に直面している**

◆ もう一つの（名詞）

＊**another ＋名詞**

ex. コーヒーのお代わりをいただけますか。

May I have *another* cup of coffee?

◆ 課題

＊**problem：解決が求められる困難な問題**

→ The problem is to-V / that ～：問題は～だ，～が問題だ

→ 大きな問題：a big / serious / major / great problem

ex. 資源が枯渇しかかっていることが私たちが抱える課題である。

The *problem* is that we are running out of natural resources.

＊**task：果たすべき任務**

ex. 国連平和維持軍は困難な課題を無事遂行した。

The Peace Keeping Forces has completed the difficult *task* peacefully.

Step 3 英文作成

Ⓐ **It follows that another serious problem we are faced with is how we should keep the balance between the convenience of life and the environmental conservation.**

Ⓐ **It emerges that we are faced with another major problem of how we should keep the balance between the convenience of life and the sustainability of the natural environment.**

最近，環境問題に関心を示す人々が増えているように思われる。ある友人も環境問題を意識して，先日，引っ越したのを機に車に乗らなくなったらしい。今後ますますこうした人達が増え，より積極的に取り組めば，地球をもとの姿に少しでも近づけていけるだろう。

しかしながら，彼によると，「やはり車は何かと便利で，手放せない」と言う人も依然として多いとの話でもあった。生活の利便性と環境問題のバランスをいかにとるのかということが，我々が直面するもう一つの大きな課題である。

《ベストアンサー》

More people nowadays are concerned over the environmental problems than ever before. A friend of mine told me that he hasn't been using a car since he moved the other day because he is worried about the environmental problems. More and more people who work seriously on these problems will probably make the earth go back to its original condition.

On the other hand, he also told me that quite a few people say, "After all, cars are very convenient in many ways, so we can't do without them." It emerges that we are faced with another major problem of how we should keep the balance between the convenience of life and the sustainability of the natural environment.

ここまでお疲れ様！
ついに最終問題だ。
ちょっとここで
"Coffee Break(2)"を。

Coffee Break

二項対立の論理形式について(2)

受験問題に限らず，いかなる言説も二項対立の論理形式をとっていると言っても過言ではありません。例えば，学問的な世界でいうと，政治学では個人の自由と公共の秩序（公共の秩序を維持するために個人の自由はどこまで制限されうるのか，例えばヘイト・スピーチの規制と言論・表現の自由の問題のように），経済学では市場競争と国家統制（どこまで市場競争に任せるのか，社会の安定のために国家の介入はどこまで許されるのか），社会学では社会の構成問題としての個人と社会（社会を構成するのは個人であるが，個人は社会のなかでしか個人（人間）になれない），数学（幾何学）ではユークリッドと非ユークリッド，物理学では絶対空間・絶対時間に対して相対性が対峙し，また光の性質に関しても波と粒子の二面性など，様々な二項対立の構図が存在しています。

能力に限りのある人間のなすことには，絶対的な真理といえるようなものは存在せず（宗教における絶対的な存在としての「神」や数学における「公理」というものは，人間が任意に設定したものにすぎません），何らかの主張をすれば必ずその逆の主張がなされる，成立するというのが世の常というものだからです。

さらにはそうした人間の能力はさておき，そもそも何か新しいことを語るというのは，既存の言説に対して何かを語るということであり，既存の言説を対象としないかぎり，新しいことは何も語ることはできないとも言えます。

太陽が地球の周りを回っていると誰もが思っている時代に，「太陽が地球の周りを回っているのだ」と語ることに何の意味もありませんが，その言説に対して「いや地球が太陽の周りを回っているのだ」と語ることに意味が出てくるわけです。このように何かを語ることは，既存の言説に対して行われるものでもあり，つねにそこに二項対立の世界が構成されていくことになるわけです。

【練習問題】 日本語の文意に合うように，次の語句を並べ替えて英文を完成しなさい。なお，文頭にくる語句も小文字で表しています。 （➡解答 p.192）

1．最近彼にちょくちょく会っています。

lot / seen / him / have / a / I / of / recently

....

2．私のことでご心配なさらないようにしてください。

me / you / let / don't / concern

....

3．その薬物がどれほど危険かほとんどの人は気づいていなかった。

aware / drag / few / dangerous / the / was / were / how / very

....

4．水がどれほど貴重なものかわかっていますか。

water / conscious / you / how / is / are / precious

.... ?

5．彼らは天気がよいのを幸いに釣りに出かけた。

fishing / of / good / they / to / advantage / the / weather / go / took

....

6．この問題には前向きに取り組むつもりです。（１語不足）
attitude / approach / to / am / I / problem / a / going / positive / this

.

7．彼はその問題に取り組んで３年になる。
working / years / has / on / the / he / three / problem / been / for

.

8．日本は地震が多い国です。（１語不足）
Japan / earthquakes / are / frequent

.

9 この学校は男子より女子のほうが多い。
more / this / school / are / girls / boys / than / in / there

10．いかにして生きていけばよいのか，それが人生最大の問題だ。
in / problem / should / thc / I / my / is / how / live / life / biggest

.

実戦演習⑽ 以下の日本文を英訳しなさい。（オリジナル）　**難易度★★★★**

現代の日本人は世界の中でも，自国の言語に対するこだわりの少ない民族に属するのではないか。その証拠に，日本語を流暢に話すより，たとえ日本語がむちゃくちゃでも，英語を流暢に話せる人のほうが，えらいと思う人が多いことは確かである。

日本にいると，そうした日本の状態が当たり前であるかのように思うのだが，世界のさまざまな国に行ってみると，実際，自国の言語へのこだわりというものには相当なものがあるというのが，むしろ当たり前の姿なのである。

直訳的英作文の作例（総合評価・Ⓓ：15 点／ 40 点満点）

The Japanese today may belong to the races which cling less to their own language in the world. The proof of this is that it is certain that many Japanese think people who speak English fluently to be greater, even if they speak terrible Japanese, than people who speak Japanese fluently.

Though, when you are in Japan, you think as if such condition of Japan were natural, when you go to various kinds of countries in the world, actually it is rather natural that they cling to their own language.

完全NGワード! belong to, proof / evidence, even if, condition

解　説

第1パラグラフ

◆「属する」を逐語的に“belong”を使って表現すると，何らかの組織や集団の一員として所属していることをいい表すことになります。この場合，自国の言語にこだわりが少ない組織や集団があるわけではないので“belong”を使うことは不自然です。

◆“race”は「種族，人種」を表します（➡ p.171 語句選択）。

◆“cling”は「執着・固執する」ことを意味します（➡ p.170 語句選択）。

◆ここでの「その証拠に」とは，何かを証明するとの意味ではないので，ここで“proof”や

"evidence" を用いるのは不自然です。また,「確かである」を "it is certain that" を用いて表現するのも不自然です（➡ p.174 語句選択）。

◆"think＋O＋to be 形容詞(C) ～"（O を～だと思う）の形で用いられるのはまれで，通例，"think＋O＋形容詞(C) ～", "think that S V ～" の形で用いられます。

◆"people who speak English fluently", "people who speak Japanese fluently" では単に「英語・日本語を流暢に話す人々」を意味するだけで，ここでは「英語・日本語を流暢に話す日本人」と問題文を補って表現する必要があります。また, "fluent" は「外国語が流暢である」ことを表すので，後者では「日本語が流暢な外国人」を意味することになります。

◆"even if" は事実でないことや可能性が低いことを表します。ここでは譲歩を表す "even though" を用いるべきです（➡ p.173 語句選択）。

〈採　点〉

The Japanese today may [belong to](−3) the [races](−2) which [cling less to](−2) their own language in the world. [The proof of this is that it is certain that](−3) many Japanese think [people who speak English fluently](−1) to be(△) greater, [even if](−3) they speak terrible Japanese, than [people who speak Japanese fluently](−2).

第2パラグラフ

◆though 節のなかにさらに when 節が入り込み，さらに主節の直前にも when 節が置かれ，とても煩雑な英文になってしまっています。

◆「当たり前であるかのように思う」とは「当たり前だと思い込む」との意ですので，ここで「事実ではないと疑っている，あるいは実際にはそうではないとわかっているがそう思える」ことを表す "as if＋仮定法" を用いるのは不適切です（➡実戦演習⑷ p.71・語句選択）。

◆「日本の状態」とは，日本語では何となくイメージできるものの，これを "the condition of Japan", "the Japanese condition" などと英訳してみても，英文では漠然としてしまいます。英文表現ではより具体的に言い換えていく必要があります（➡ p.176 問題文解析）。

◆"natural" は二者選択の概念をもつ形容詞で，"rather" は程度に段階のある形容詞・副詞を修飾し，「いくぶん，やや」などの意になることから，ここでは不適切な表現になります。

〈採　点〉

[Though, when](−2) you are in Japan, you think [as if](−3) [such condition of Japan](−2) were natural, [when](−2) you go to various kinds of countries in the world, actually it is rather(−2) natural that they cling to their own language.

現代の日本人は世界の中でも，自国の言語に対するこだわりの少ない民族に属するのではないか。その証拠に，日本語を流暢に話すより，たとえ日本語がむちゃくちゃでも，英語を流暢に話せる人のほうが，えらいと思う人が多いことは確かである。

日本にいると，そうした日本の状態が当たり前であるかのように思うのだが，世界のさまざまな国に行ってみると，実際，自国の言語へのこだわりというものには相当なものがあるというのが，むしろ当たり前の姿なのである。

全体構成とポイント

＊ここでも問題文の主旨である，「日本人が自国の言語を軽んじる傾向があるのに対して，逆に世界の国々では自国の言語に誇りをもつのが当たり前だ」という対比性を的確に表現することが第1のポイントです。

＊またそうした対比表現だけでなく，本問題文には日本人が自国の言語にこだわりをもっていない傾向を，筆者が批判的に捉えているニュアンスをくみ取ることができます。そうしたメッセージをいかに組み込めるかも，より表現力のある文章へと仕立てあげていく鍵となります。

＊さらに，「こだわりの少ない」，「属するのではないか」，「その証拠に」，「むちゃくちゃでも」，「えらいと思う」，「確かである」，「日本の状態」，「こだわり」，「相当なものがある」，「むしろ当たり前の姿である」といった，日本語特有の表現をいかに英語らしく表現できるか，こうしたことも難関レベルの問題文への対応として大きなポイントになってきます。

全体構成の解析

第1パラグラフ：日本人の傾向

問題提起：現代の日本人は自国の言語へのこだわりが少ない。

⬇

具 体 例：実際，英語を流暢に話せる人のほうが，えらいと思う人が多い。

⬇

第2パラグラフ：世界の現状

本　　論：日本にいると日本の状態が当たり前と思うのだが，

⬍ 逆接

世界に行くと自国の言語へこだわりをもつのが当たり前である。

第1文 **現代の日本人は世界の中でも，自国の言語に対するこだわりの少ない民族に属するのではないか。**

Step 1 問題文の解析：文章接続＆主語選択

問題提起

＊自国の言語に対するこだわりの少ない民族に属するのではないか。

⇒問題提起文ですが，次文でその証拠（具体例）を示していることからも，筆者が自らの見解としてある程度の確信をもっていることが推測されます。“I think”（➡実戦演習⑸ p.92・語句選択）を用いるなどして，断定口調を和らげながらも，主張文として表現していく必要があると判断します。

＊**主語選択**：現代の日本人

Step 2 語句選択

◆ 現代の

⇒今日の・最近の・現代の～：**名詞＋ today/nowadays**

→過去との対比で用いられます。

ex. 現代人：*people today*

ex. 最近の若者：*the young today*

ex. 最近の学生は一生懸命勉強しない。

Students nowadays don't work hard.

→昔の学生は一生懸命勉強した。

⇒現代の：**modern，contemporary**

→歴史性を意識するときに用いられます。

ex. 現代(近代)芸術：*modern* art

ex. 現代音楽：*contemporary* music

◆ 日本人

＊**the Japanese，Japanese people**

◆ 自国の言語

＊one's own language, one's mother tongue

◆ こだわりの少ない

⇒ 軽視する

＊think little/light of ～：～を軽く見る

＊think nothing of ～：～を何とも思わない，～しても平気でいる

ex. 彼女は嘘をつくのを何とも思っていないようだ。

She seems to *think nothing of* lying.

◆ こだわる

⇒ 執着する

＊cling to ～：～に執着する，～を手放そうとしない

ex. 人は権力にしがみつくものだ。

Humans *cling to* power.

ex. 彼は自分の思いにこだわった。

He *clung to* his beliefs.

＊stick to ～：（信念など）～を曲げない，粘り強く～を続ける

ex. 彼は自分の主義を曲げない人だ。

He *sticks to* his principles.

ex. 仕事をこつこつやっていれば必ず成功する。

You will certainly succeed if you *stick to* your work.

＊be particular about ～：好みがうるさい，気難しい

ex. 彼女は食べ物にとてもこだわっている。

She's very *particular about* food.

⇒ 大切にする

＊value：高く評価する，貴(たっと)ぶ

ex. 彼は君との友情を大切にしている。

He *values* your friendship.

＊take [great] pride in ～：～に（大いに）誇りをもつ

＊esteem：尊重する，重んじる （➡ p.174 語句選択）

⇒ 関心をもつ

＊take [an] interest in ～：～に関心・興味をもつ （➡実戦演習⑼ p.150・語句選択）

◆ 民族

＊people：文化的・社会的にみた人々の集団・国民・民族

→ a people, peoples として通例，可算名詞の形で用います。

＊race：体質・体格上の特徴・風俗などが共通した人々の集団・種族・人種

＊nation：独立した一つの政府の下に統一された人々の集団・国家・国民

◆ ～に属する

⇒ ～のうちの一つである：**one of + the/one's 複数名詞**

☞「民族に属するのではないか」を「民族ではないのか」と言い換えても同値ですから，「属する」をあえて表現する必要はないと判断します。ここでの「属する」という言葉も断定口調を和らげる働きをする一つの語句だと捉えることができます。

Step 3 英文作成

Ⓐ **I think the Japanese today are one of the peoples who have little interest in their own language.**

Ⓐ **I guess the Japanese today don't take as much interest in their own language as other peoples in the world.**

⇒「世界の中でも」という文言から，世界の他の地域の人々と比較する形で表現しています（➡ツール編 p.16・2⑴）。

⇒ The Japanese today don't take much interest in their own language.
+
Other peoples in the world take much interest in their own languages.

Ⓐ **I think the Japanese today aren't as proud of their own language as other peoples in the world.**

⇒ "be proud of ～"：～に誇りをもっている（➡実戦演習⑴ p.19・語句選択）

⇒ The Japanese today aren't proud of their own language.
+
Other peoples in the world are proud of their own languages.

Ⓐ　**I guess, compared with other peoples, Japanese people today tend to think little of their own language.**

⇒ compared with ～（分詞構文）：～と比較して，比べて

⇒ “tend to-V”（～する傾向がある）を用いて断定口調を和らげています。

ex. 日本人は働き過ぎる傾向がある。

The Japanese *tend to* work too much.

第2文　**その証拠に，日本語を流暢に話すより，たとえ日本語がむちゃくちゃでも，英語を流暢に話せる人のほうが，えらいと思う人が多いことは確かである。**

Step 1　問題文の解析：文章接続＆主語選択

問題提起に対して，その証拠となる具体例の展開

＊その証拠に，

⇒ ここでの「その証拠に」は，何かの証明ではなく，事実の確認あるいは単に具体例を導く役割をする語句だと判断します。

＊～より…のほうがえらいと思う

⇒ 比較構文による対比表現に持ち込むことを考えます。

＊主語選択：多くの日本人

Step 2　語句選択

◆ 証拠

＊proof：人を納得させたり信じさせるための証拠

＊evidence：正しいことを証明するための客観的な証拠

◆ その証拠に～

＊as proof of it, ～

ex. 彼は最近忙しいらしい。その証拠に家にいる気配がない。

He is very busy these days. *As proof of it*, there is no sign of him at his house.

＊the proof of it is that ～

＊it is proved by the fact that ～

◆ 日本語

＊Japanese

＊the Japanese language

→ 他の言語との区別を意識して

◆ ～(言語)を流暢に話す

＊speak fluent ～(言語)

＊speak ～(言語) fluently / with fluency

＊be fluent in ～(言語)

＊be a fluent speaker of ～(言語)

ex. 彼は英語を流暢に話す。

He *speaks fluent* English.

He *speaks* English *fluently/with fluency*.

He *is fluent in* English.

He *is a fluent speaker of* English.

◆ たとえ～でも

＊ever if ～ / even though ～ (➡実戦演習⑴ p.18・語句選択)

⇒ どれほど～（形容詞・副詞）でも：**however / no matter how ＋形容詞・副詞～**

ex. どれほど速く走っても馬には勝てませんよ。

However fast you may run, you can't beat a horse.

◆ むちゃくちゃ

⇒ ひどい・下手な

＊terrible：ひどく下手で，すごくまずい

ex. 彼はゴルフがとても下手だ。

He's *terrible* at golf.

ex. このコーヒーはまずい。

This coffee is *terrible*.

＊poor：（技能・学科が）下手な

ex. 彼は英語を話すのが下手だ。

He is a *poor* speaker of English.

He is *poor* at speaking English.

◆ えらいと思う

⇒ 優っていると思う・感じる：**think/feel that A is superior to B**

ex. 英会話の能力の点では彼は父より優っている。

He *is superior to* his father in ability to speak English.

→ A is superior to B：A は B より優れている

ex. 数学では彼は父より優っている。

He *surpasses* his father in Mathematics.

→ S surpass/excel O：S は O より優れている

⇒ 尊敬する

＊respect：「尊敬」を表す最も一般的な語。価値あるものに対する敬意を表現します。

ex. 私は彼のしたことに対して彼に敬意を払う。

I *respect* him for what he did.

＊esteem：価値あるものに対してさらに尊重する気持ちを表現します（しばしば受け身で）。

ex. 彼は独自の経営手法で実業界で高く評価されている。

He is highly *esteemed* for his unique style of management in business circles.

＊admire：esteem よりさらに強く，称賛・感心を表現します。

ex. 私は彼の人づき合いのよさに感心する。

I *admire* his easy way with people.

＊look up to：くだけた表現で，自分より立場が上の人に対する敬意を表現します。

ex. 国民は彼を真の指導者として尊敬していた。

The people *looked up to* him as a real leader.

◆ VするSが多い

＊Many S + V 〜 （➡実戦演習⑼ p.159・語句選択）

◆ 〜は確かである

＊It is certain that 〜：〜は確実である

ex. 彼がその日一人でそこへ行ったことは確かである。

It's certain that he went there all alone on that day.

＊It is true that ～：～は真実である

Step 3 英文作成

Ⓐ **For example, many Japanese really feel that a Japanese who, however terrible at Japanese he or she may be, speaks English fluently is superior to one who speaks Japanese very well.**

⇒前文の具体例として“for example”を使って展開しています。

⇒「確かである」を，形式的な表現（“it is certain that ～”）ではなく，“really”（本当に）などの副詞語句によって簡潔に表現しています。

⇒ "one" = "a Japanese"

Ⓐ **In fact, many Japanese respect a Japanese who, even though he or she speaks terrible Japanese, is fluent in English better than one who is a good speaker of Japanese.**

⇒in fact：（前言を強調して）実際に（➡ツール編 p.26・2⑸）

⇒「確かである」をあえて訳出せずに，そのニュアンスを“in fact”に含めて表現しています。

⇒“better than”（➡実戦演習⑵ p.38・英文作成）

スラスラと日本文を
英訳するためには，
日本語へのこだわりも
必要不可欠だ。

第3文 日本にいると，そうした日本の状態が当たり前であるかのように思うのだが，世界のさまざまな国に行ってみると，実際，自国の言語へのこだわりというものには相当なものがあるというのが，むしろ当たり前の姿なのである。

Step 1 問題文の解析：文章接続＆主語選択

本論の展開

＊日本にいると，そうした日本の状態が当たり前であるかのように思うのだが，

⇒「思うのだが」の「が」は逆接の「が」です。

⇒ 日本文に特有の長い文章となっていることから，ここでも逆接マーカーを軸に２文に分割して表現していきます。

⇒「そうした日本の状態」を直訳してもあまり意味をなさないことから，“日本人が日本語にこだわりをもたないこと”，さらには“日本人の思考や感情様式”などと文意に沿って具体的に言い換えていく必要があります。

＊こだわりというものには相当なものがあるというのが，むしろ当たり前の姿である。

⇒「相当なものがある」，「むしろ当たり前の姿」などの表現も日本語特有の表現だと判断できれば，それらをより具体的な語句に言い換えたり補足したりする，逆にその言葉がなくても意味が通じるような場合には思い切って削除することで対処していきます。前述（**➡実戦演習⑼ p.154**）したように，このような判断力も表現力の一つとして評価されるところです。

＊主語選択：⑴ you（一般論）⑵世界の人々

Step 2 語句選択

◆ **状態**

＊state：状態

→ 物事の状態を表す一般的な語

ex. 両国は事実上の戦争状態にある。

Both countries are actually in a *state* of war.

＊condition：特定の状態

ex. 無重力状態での生活とはどういったものだろうか。

I wonder what the life in the *condition* of weightlessness is like.

→ What is S like?：Sとはどのようなものですか

＊situation：特定の情勢

ex. その発言は彼を厄介な立場に追い込んだ。

The remark put him into an awkward *situation*.

＊circumstance：周囲の状況・事情

ex. 事情が許せばお伺いするつもりです。

If *circumstances* allow, I'll come to see you.

◆当たり前と思い込む

＊take ＋ O ＋ for granted

① O をもちろんのこと・当然とみなす

ex. 私は彼が鍵をかけたものと思い込んでいた。

I *took* it *for granted* that he had locked the door.

② O（価値あるものを）当たり前のものと思い込む，評価しない，軽視する

ex. 私たちは言論の自由を当然のことと考えている。

We *take* freedom of speech *for granted*.

＊take ＋ O ＋ as a matter of course：O を当然のこととして考える

ex. 言論の自由は今や当然のことと考えられている。

Freedom of speech is now *taken as a matter of course*.

◆思い込む

＊assume that ～：～を明確な証拠はないが事実だと思う・当然のことと思い込む

ex. 彼女は当然英語が話せるものと思っていた。

I *assumed that* she could speak English.

＊be convinced that ～：～を確信する・思い込む

ex. 彼はまもなく人類は滅亡すると思い込んでいる。

He *is convinced that* human beings will die out soon.

◆実際

⇒ 実際は

＊actually：（逆接マーカーと共に用いられて）意外だろうが実際は

ex. 首相は事態はまもなく良い方向に向かうだろうと言ったが，実際はますます悪化の方向に進み始めていた。

The Prime Minister said that things would go better soon, but *actually* they were getting worse.

＊**in fact**：（前言を否定して）（ところが）実際は（➡ツール編 p.26・2(5)）

◆ むしろ

⇒ 本来，本質的に

＊**essentially**：本質的に

⇒ まったく

＊**perfectly，completely**

＊**quite**：（程度の差をもたない形容詞などを修飾して）まったく，すっかり（➡実戦演習(1) p.24・英文作成）

◆ 当たり前である

⇒ 普通だ：**common**（一般的な），**usual**（日常的な）

ex. 日本人が箸を使うのは当たり前（普通）です。

It is *common* for the Japanese to use chopsticks.

× It is *common* that the Japanese use chopsticks.

→"common" の場合，that 節を続けることはできません。

⇒ 当然だ：**natural**（もっともな），**normal**（正常な），**right**（正しい），**proper**（適切な）

→「普通」という言葉が客観的な事実判断を表す語句であるのに対して，「当然」という言葉には主観的な価値判断が含意されます。

ex. 親が子供を育てるのは当たり前（当然）です。

It is *natural* for parents to raise their children.

≒ It is *natural* that parents [should] raise their children.

ex. 従業員たちが会社の待遇に不満をもつのも至極当然だ。

It is perfectly *normal* for the employees to feel dissatisfied with working conditions.

≒ It is perfectly *normal* that the employees [should] feel dissatisfied with working conditions.

☞ 本問題文には，日本人が自国の言語にこだわりをもっていない傾向を，筆者が批判的に捉えているニュアンスをくみ取ることができます。そうしたことからここでは単なる事実判断ではなく，価値判断のニュアンス（"こだわりをもつのが正しい姿だ・もっともだ"）を表す表現をとるほうが的確だといえます。

Step 3 英文作成

Ⓐ **When you are in Japan, you tend to take the way Japanese people think or feel as a matter of course. On the contrary, when you go to various countries worldwide, you find that it is only natural that the peoples in the world have great pride in their own languages.**

⇒「それどころか逆に，世界の人々は自国の言語へ相当な誇りをもっているというのが当然である。」と言い換えています。

→ on the contrary：その反対に，その逆に，それどころか（逆接マーカー）（➡ツール編 p.4・1⑴①）

⇒ "natural" を用いて価値判断のニュアンスをもたせています。

→ only natural：至極当然な

Ⓐ **When you live in Japan, you may assume that other peoples in the world also have little interest in their own languages. On the contrary, when you visit different parts of the world, you actually realize it is perfectly normal that their languages are highly esteemed.**

⇒「日本の状態が当たり前であると思う」を「世界の人々も同様に，自国の言語に関心をもっていないと思い込む」と解釈して表現しています。

現代の日本人は世界の中でも，自国の言語に対するこだわりの少ない民族に属するのではないか。その証拠に，日本語を流暢に話すより，たとえ日本語がむちゃくちゃでも，英語を流暢に話せる人のほうが，えらいと思う人が多いことは確かである。

日本にいると，そうした日本の状態が当たり前であるかのように思うのだが，世界のさまざまな国に行ってみると，実際，自国の言語へのこだわりというものには相当なものがあるというのが，むしろ当たり前の姿なのである。

《ベストアンサー》

I think the Japanese today aren't as proud of their own language as other peoples in the world. For example, many Japanese really feel that a Japanese who, however terrible at Japanese he or she may be, speaks English fluently is superior to one who speaks Japanese very well.

When you live in Japan, you may assume that other peoples in the world also have little interest in their own languages. On the contrary, when you visit different parts of the world, you actually realize it is perfectly normal that their languages are highly esteemed.

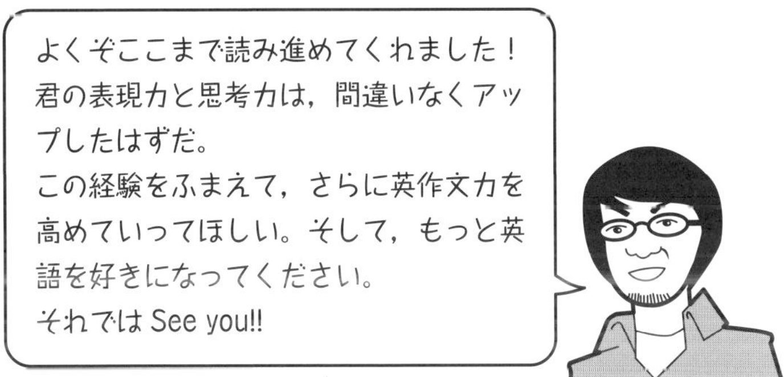
よくぞここまで読み進めてくれました！
君の表現力と思考力は，間違いなくアップしたはずだ。
この経験をふまえて，さらに英作文力を高めていってほしい。そして，もっと英語を好きになってください。
それでは See you!!

【練習問題】 日本語の文意に合うように，次の語句を並べ替えて英文を完成しなさい。なお，文頭にくる語句も小文字で表しています。 （➡解答 p.193）

1．あなたはこの仕事をこだわりをもってやり抜くことができますか。
to / completed / can / job / is / stick / this / you / until / it

.... ?

2．彼はある古い習慣にこだわっていた。
custom / discard / was / old / he / to / an / unwilling

....

3．彼女が流暢に中国語を話すのに一同が驚いた。（1語不足）
she / which / the / Chinese / astonished / everyone / was / fluency / at / spoke

....

4．たとえ英語が流暢でも，もっとちゃんとした日本語を身につけるべきです。
you / fluent / be / even / are / speaker / speaker / of / of / better / English / Japanese / , / you / should / a / a / though

....

5．彼女が入れてくれたコーヒーはまずくて飲めなかった。
us / terrible / made / drink / too / she / coffee / to / for

....

6．彼は父親がとてもえらい人だと思っていた。
father / had / for / he / his / respect / a / great

…….

7．この携帯電話は使いやすさで重宝されている。
ease / phone / use / is / this / for / esteemed / its / cellular / of

…….

8．欧州諸国では女性が出産後も仕事を続けることはごく当たり前のことだ。
European / countries / common / is / a / quite / birth / women / to / their / work / continue / after / in / for / it

…….

9．彼が仕事に失敗したのは当たり前のことだ。
no / in / that / failed / business / it / he / is / has / surprise

…….

10．私の母親は父親に特別気を使う人ではない。（1語不足）
for / mother / father / takes

…….

練習問題〈解答〉

実戦演習(1)

1．What are your best subjects?

2．My strongest subject is Physics.
　→「得意科目」を文の中心要素として，それが「物理である」と説明するスタイルです。

Physics is my strongest subject.
　→「物理」を文の中心要素として，それが「得意科目である」と説明するスタイルです。

3．Even though you are my friend, I can't lend you any money.

4．A drowning man will catch at a straw.
　→ drowning：溺れかかっている
　→ catch at ～：～をつかもうとする
　→ will：～するものだ（習性）（➡実戦演習(2) p.43・語句選択）

5．I was never very good at swimming as a child.

6．Father is proud of my having succeeded.
　→ 動名詞の完了形：having＋p.p.
　→ my は動名詞の意味上の主語 （➡ツール編 p.45・4(2)）

7．He often boasted of his success.

8．I fell asleep with the television on .

9．Social customs differ from country to country.

10．Those who have high blood pressure are advised to cut down on salt.

実戦演習(2)

1. He speaks plain English.

2. His commentaries are easy to understand.
   → easy to understand：形容詞＋to-V（➡ツール編 p.41・4(1)②）

3. It is by no means easy to make yourself understood in English.
   → make yourself understood：make＋O＋p.p.（➡ツール編 p.62・5(7)①）

4. Her dark looks conveyed the fact that she was unhappy.

5. We have every reason for believing that he will accept our proposal.
   → every reason：十分な理由

6. As it looks like rain, it would be better for you to stay home.

7. It is nothing but a joke.

8. I was convinced of the truth of his reasoning.

9. How can I persuade her of my sincerity?

10. He tried to persuade me to accept his way of thinking.
   → persuade＋O＋to V：O を説得して～させる

実戦演習(3)

1．The accident occurred owing to his careless driving.

2．He kept me waiting for one and a half hours.

→ keep + O + V-ing：O が V している状態に保つ

cf. I was kept waiting for one and a half hours by him.

→「彼」を強調する表現（私を待たしたのは彼だ）になります（➡ツール編 p.23・2(4)）。

3．I had no choice but to say so.

4．I was compelled to say so.

5．We could not help being surprised at what he said.

→ We were surprised at what he said. + could not help V-ing

6．He never shows any reluctance in coming to see me even when he is busy.

7．All it takes is a phone call.

8．He met his father after an interval of ten years.

9．Please don't hesitate to ask if there is anything I can do.

10．I think of nothing but your return.

→「あなたの帰りだけを思っている。」

→ nothing but + 名詞：～だけ（➡実戦演習(2) p.41・語句選択）

実戦演習(4)

1．He sought an answer to his life.

2．I searched her face for a sign of her true feelings.
→ search A for B：B を求めて A（場所）を捜す

3．He always wants to do things his way.
→ [in] one's way：自分のやり方で

4．Where have you found my key?

5．I am usually in my house on Sundays.

6．Do what you normally do.

7．It normally takes 20 minutes to walk to school.

8．I saw the students going into the building one after another.

9．Many forms of life have vanished from the earth.

10．He was as attached to me as if I were his own mother.

実戦演習(5)

1．I will have two babies.
　→ will は強い意志を表します。

2．I am going to have a baby in October.

3．He finally succeeded after a series of failures.
　→ a series of：～の連続

4．Things were going as they should.
　→ as they should [go]：進むべくように
　→ should：（当然）～するはず

5．Don't let one little failure discourage you.
　→ let＋O＋原形：O に～させる（許可）（➡実戦演習(3) p.60・英文作成）

6．Keep up the good work.

7．What are you going to be when you grow up?
　➡ p.194 コラム(1)

8．He succeeded in passing the exam with the greatest difficulty.

9．The boy whose parents were indulgent lacked self-reliance.

10．Let me take this opportunity to introduce myself.

実戦演習(6)

1. The war has left its many traces in the country.

2. I want to buy something to remind me of a trip to France.

3. The custom of sending a letter to a close friend may disappear.

4. The city is no longer what it used to be.

5. This town is not what it was ten years ago.

6. I remembered what my mother had often said when I was a child.

7. He doesn't eat as much as he used to, worrying about gaining weight.
   Worrying about gaining weight, he doesn't eat as much as he used to.

8. My brother would often go fishing as a child.

9. You are the only man I can depend on.
   → You are the last man I can depend on.：君は最も頼りにならない人だ。

10. The story recalled old faces to my mind.
    → recall + O + to one's mind：O を～に思い出させる

実戦演習(7)

1．He began to live by himself for the first time in his life.

2．The traditions of old Japan are still alive in this town.

3．I am interested to know what our new teacher of English is like.

→ be interested to-V：Vすることに興味がある

→ Vはknow, see, hearなど

→ What is S like?：Sとはどのようなものですか

4．He is curious to know everything about her.

5．This trip will stay with us as a happy memory.

6．She is very pleasant to talk with.

7．A delighted child makes me happy.

8．A growing number of women have chosen to keep their maiden names after marriage.

9．Fewer and fewer young people today are driving.

10．This city is said to have lost its charm.

→ is said to have＋p.p.～：～したと言われている

実戦演習(8)

1．That is still a matter of controversy among experts.

2．I'll come to your party if time permits.

3．There is ten minutes' delay because of the accident.
　→ delay：[名]遅れ，遅延

4．If it is not inconvenient for you, I will call on you tomorrow.
　→ call on＋O：人を（ちょっと）訪問する

5．I am sorry to have put you to so much trouble.
　→ put＋O＋to trouble：O に迷惑・面倒をかける

6．Drunk-driving gives rise to serious accidents.

7．Either road will lead to the same spot in the end.

8．The plan in itself is all right.
　→ in itself：それ自体では

9．The question is whether the man can be trusted.
　→ The question is whether ～：問題は～かどうかだ

10．It is questionable whether the man can be trusted.
　→ It is questionable whether ～：～かどうか疑問だ，疑わしい

実戦演習(9)

1．I have seen a lot of him recently.

2．Don't let me concern you.

→ concern ＋ O：O を心配させる

3．Very few were aware how dangerous the drag was.

→ Very few were aware [of] how dangerous the drag was.

4．Are you conscious how precious water is?

→ Are you conscious [of] how precious water is?

5．They took advantage of the good weather to go fishing.

→「よい天気を利用して，釣りへ出かけた。」

6．I am going to approach this problem with a positive attitude.

7．He has been working on the problem for three years.

8．Earthquakes are frequent in Japan.

→ frequent：頻繁に起こる

ex. この地域は夏場に洪水が多い。

Floods are *frequent* in this area in summer.

9．There are more girls than boys in this school.

→ Girls are more than boys in this school. とは言いません。Girls are many. とは言わないからです。

→ There are [many] girls in this school.

＋

There are [many] boys in this school.

10．The biggest problem in my life is how I should live.

実戦演習⑽

1. Can you stick to this job until it is completed?

2. He was unwilling to discard an old custom.

3. Everyone was astonished at the fluency with which she spoke Chinese.

4. Even though you are a fluent speaker of English, you should be a better speaker of Japanese.

5. She made too terrible coffee for us to drink.

6. He had a great respect for his father.
   → have a great respect for ～：～に深い尊敬の念を抱いている

7. This cellular phone is esteemed for its ease of use.
   → ease of use：使いやすさ

8. It is quite common for women to continue their work after a birth in European countries.

9. It is no surprise that he has failed in business.

10. Mother takes father for granted.

コラム

(1) 解説「もし塩分を摂り過ぎれば，～。」

（医師が患者へ忠告するといった文脈で）

もし塩分を摂り過ぎれば，将来，高血圧になる可能性がありますよ。

直訳的英作文の作例

"If you take too much salt, there will be a possibility to become high blood pressure in the future."

① "if" の感覚

まずは冒頭にある "if"（語源：「…の条件で」）から。何らかの不確実性が存在する，つまり**ある出来事が起こるかどうかわからないような状況にあって，その出来事が起これば という条件を表現する**こと，それが "if" の役割とするところです。

ex. 明日，晴れれば（晴れるという条件で），ビーチに行きます。
If it is fine tomorrow, we will go to the beach.

ex. 大きくなったら何になりたいですか？
What do you want to be *when* you grow up?

cf. What do you want to be *if* you grow up?
→ 大人になれない可能性もあることを暗示します。

不確実性が存在するから "if" を用いるわけで，逆に言うと "if" が用いられることで，明日は晴れるかどうかわからない状況にあることを読み手に伝えることになります。晴れることがわかっていれば，以下のような表現になります。

ex. 明日は晴れそうだから，ビーチに行きます。
It *will be* fine tomorrow, so we are going to go to the beach.

そういうことから，"If you take too much salt," という表現からは，「あなたが塩分を摂り過ぎるかどうかわからないけれども，もし摂り過ぎてしまえば…」という曖昧なニュアンスがこの英文によって伝えられることになり，相手への忠告文としては的を射ない表現になってしまうわけです。

② there 構文（存在構文）のエッセンス

次に，いわゆる there 構文について。“There's a book on the desk.” と “The book is on the desk.” とはどう違うのでしょうか。

文頭にくる “there's” は相手の注目を引く働きをします。冠詞 “a” は読み手・聞き手が知らない**新情報**であることを表します。相手にその新情報が「ある・存在する」ことを伝えたいとき，**新情報を文頭にして唐突に “A book is on the desk.” と言うと聞き手が戸惑う可能性があります。そこで，まず文頭に “there's” と置いて，聞き手の注意を引きつける役割をさせているわけです**＊1。

“There's”（そこにありますよ）と言っておいて，何があるかは後で述べます＊2。そうすることで聞き手・読み手にも聞きやすく・読みやすくする，それが “there's” の役割であり，“there” 構文のエッセンスなのです。

そこで “there will be a possibility” としてしまうと，「高血圧になる可能性があるのか・ないのか」を明示する表現様式になってしまいます。ここでは「高血圧になる可能性がある・ない」を言いたいわけではなく，「高血圧になる」ことを言いたいわけですから，“there” 構文の出番とはならないわけです。

逆に，「台所を探せば，ワインが瓶に少しあるかもしれません」と言いたい場合には，ワインの存在を明示する必要がありますから，“If you look in the kitchen, you may find that there is some wine left in the bottle.” となります。

＊1　“There's a book on the desk.” これを日本語に訳すと，「ありますよ，ある一冊の本がテーブルの上に」というニュアンスになります。一方，“The book is on the desk.” の “the book” は聞き手も知っている旧情報です。旧情報の存在そのものではなく，旧情報についての説明部分が文の主情報となって，「その本は（その本なら）テーブルの上にありますよ」ということになります。there 構文が「～が…にある」（何があるのか），“The S is …（場所）” が「～は…にある」（どこにあるのか）を表現するとの感覚をもってもらえばよいでしょう。

＊2　一般的にはエンド・ウエイトと呼ばれますが，形式主語の “it” も同じような働きをします。“To read this book is difficult for me.” とは言わずに，通例 “It is difficult for me to read this book.” と言うのも同じ理由からです。いきなり “To read this book is ～.”「この本を読むことは～だ」と言われても，聞き手は戸惑うかもしれません。そこで先に “It is difficult” と言っておいて，何が難しいのかは後で説明するというのが英語のスタイルなわけです（いわゆるエンド・フォーカスの原則です➡ツール編 p.8・1⑵①）。

③不定詞による語句の説明

次に，“a possibility to become high blood pressure” についてですが，to become は possibility の内容を説明する不定詞として用いられています。名詞を不定詞で説明する，これも英語でよく使われる表現の一つです。

不定詞で名詞を説明する場合（名詞＋ to-V）には，to がもとは前置詞（～到達点に向かって）であったことから，そこに義務や能力，適性の要素が入り込むことになります（➡ツール編 p.40・4⑴①）。

“possibility” は物事の実現可能性を表すものですから，そこに義務や能力，適性などの要素が入り込むことはありません。従って “possibility” は通例 “of + V-ing” を用いて，その内容を説明することになります。

ex. 彼が明日ここに来る見込みはない。

There is no *possibility* of his coming here tomorrow.

→名詞＋ of V-ing（動名詞）：V するという名詞（➡ツール編 p.45・4⑵）

→his は coming（動名詞）の意味上の主語です。

最後に “become high blood pressure in the future” についてですが，**“become” は職業やある状態に「なる」**（語源的には「come to be」，古期英語から「到着する」）ことを表す語で，“become high blood pressure” と表現してしまうと，「あなたは人間ではなくなり，将来，“high blood pressure” になる」という意味になってしまいます。

また “in the future” は漠然とした未来を表す場合のほかに，“in the past” や “in the present” などと対比させる場合にも用いられ，「今までとは違って将来は，今後は（from now on)」というニュアンスを表します（➡ p.155 実戦演習⑼・語句選択）。

（医師が患者へ忠告するといった文脈で）

もし塩分を摂り過ぎれば，将来，高血圧になる可能性がありますよ。

《ベストアンサー》

Too much salt will probably lead you to high blood pressure.

さらにまた，塩分の摂り過ぎが高血圧を招く危険なものであるとのメッセージ（警告）を発することが，この忠告文の本質を的確に伝える究極のベスト・アンサーだともいえます。

You had better not take too much salt because it undoubtedly leads you to high blood pressure.

④直訳的英作文からの脱却

どの国や地域，民族にかかわらず，それぞれの言語が，長い年月の中で，特有の風土や人的・文化的交流によって育まれ発展をとげてきた結果として，それぞれ独自の言語体系をもつようになりました。一つの言語を別の言語へ逐語的に翻訳することは事実上，不可能だというのも当然のことだといえます。

特に，残念なことに**日本語と英語にはまったくといっていいほど言語的な親縁関係はありません**。それどころか，日本語と英語は対極にあるような言語的特徴をそれぞれもっています。

例えば，日本語にあって英語にないものがあります。それは助詞です。日本語では助詞や副助詞によって主語や目的語などが表されますが，助詞などをもたない英語の場合は，それらが語順によって決まるという，決定的な相違が両者の間には存在しています。またツール編で解説しているように，対比や因果関係における強弱表現の有無，名詞説明において“後方で説明する／前方で説明する”といった様々な相違が存在しています。

そうした言語的な相違からして，和文を逐語的に英訳してみたところで，英文らしい英文になることは到底ないわけですが，受験英作文には入試というもう一つ別の事情が加わってきます。

言うまでもなく入学試験は学力的な優劣を見出すためのものです。入試の競争率を仮に３倍と考えると，当然ですが受験生３人に対して１人だけが合格者ということになります。**大学側は受験生間に学力的な優劣をつけ，入学者にふさわしい１人の合格者を判定しなければなりません**。

ところが，同じ大学・学部を志望する受験生間でそれほど大きな実力差があるわけではなく，英作文問題でも逐語的に英訳するだけで英文として通用する英文が書けてしまうといった問題では，受験生間の優劣を有意に判定することは難しくなります。

そうした事情から，優秀な受験生が集まってくる難関大学になればなるほど，逐語的に英訳するだけでは決して英文にならないような試験問題が作られる傾向が強まっていきます。英文らしい英文を書くための表現力を身につけるというのが英作文学習の本来の目的ではありますが，**そうした入学試験の事情からしても，“直訳的英作文”から脱却していく必要があるわけです**。

コラム

(2) 語彙力を高める方法

①原義や語源からニュアンスを知る：感性としての単語力

英作文力を向上させるには，英語特有の表現様式の習得に加えて，言うまでもなく語彙力の向上が絶対的条件としてあげられます。

しかし，語彙力の向上といっても単に単語帳などで日本語の意味を覚えるといったことではありません。**語彙力の向上にはそれぞれの英単語や定型表現が，どのようなイメージやニュアンスを伝達していくのか，その微妙なニュアンスを感性で感じとれるようにしていく**ことが必要不可欠です。そして，そのための有効な方法として**原義**や**語源**を活用する学習方法というものがあります。

例えば，使役表現（O に〜させる）の代表に，「make＋O＋V（原形）」，「have＋O＋V（原形）」，「get＋O＋to-V」があります。これらを使った書き換え問題が問題集などで扱われているのをたまに見かけますが，「I made him cut my hair. = I got him to cut my hair.」というのは実際の英語ではありえないことです。

“make” は O が V する状況を，O の意思とは無関係に「**作り出す**」ことを原義的に意味し，O にとっては強制になります。

“have” は O が V する状況を「**持っている**」，つまり O が V することを自分のものとして所有している，当たり前のことにできることを意味します。例えば，O に金銭的なやりとりをしてやってもらう，親が子供にやらせる，上司が部下にやらせるという状況などがそれにあたります。そうした「やらせて，やってもらって当然」な状況が「have＋O＋V（原形）」で表現されることになります。

また “get” は「**手に入れる・自分のものにする**」を意味し，“have” とは対照的に手にはないものを努力して手に入れるという感覚があります。そうした “get” の場合，O が V する状況へ至る距離感というものがあって，その距離感が “to” によって表現され，“get”（獲得）の場合は原形ではなく “to-V” が使われ，逆に，“make”（強制）や “have”（所有）には距離感はないので原形不定詞が使われることになるわけです（➡ツール編 p.62・5(7)）。

ex. 私は彼に髪を切らせた。

I *made* him cut my hair. → 強制して切らせた

I *had* him cut my hair. → プロに切ってもらった

I *got* him *to* cut my hair. → 努力して切ってもった

このように原義をもとにイメージを培っていくという方法に並んで，次に，語源をもとにしたイメージ学習という方法もあります。

例えば，「perceive＝知覚する」，「conceive＝想像する」などと単語帳によく記載されている訳語を暗記しても，英単語が本来もっているイメージを感じとることは決してできません。

“perceive”の“per”は語源的には「完全に・しっかり」，“ceive”は「つかむ」という意味をもっています。そこに五感（感覚器官，特に視覚）によってという意味が加わり，「気づく・感づく」というのが，“perceive”がもっている本来のニュアンスとなります。

ex. 彼が部屋から出て行くのに気づく者はいなかった。
Nobody *perceived* him going out of the room.（感覚）

ex. 一行は遠くに明かりがあるのに気づいた。
The members of the party *perceived* a light in the distance.（視覚）

感覚によってわかる“perceive”に対して，一方“conceive”の“con”は「しっかり・共に」，“ceive”は「つかむ」で，そこに頭によってという意味が加わり，“conceive”は「考えつく・思いつく」ことを表します。また，体の中で「共につかむ」という意味から「妊娠」するという意味ももちます。名詞形では“concept”「一般的・抽象的な概念」，“conception”「個人的・具体的な理解，受胎」などの意味を表します。

ex. その問題をどう捉えてよいか考えつくのは難しい。
It is difficult to *conceive* how to grasp the problem.

ex. 戦後，家族の概念は大きく変化してきた。
The *concept* of family has changed a lot since the war.

ex. 彼らはその部署の一員としての責務をはっきりとはわかっていなかった。
They didn't have a clear *conception* of their duties as members of the section.

また，「放射能の影響」は“radiation effect”といいますが，「影響」を表す英単語としては，“influence”，“effect”があります。多くの単語帳では両者に共通する意味として「影響」という訳語をつけていますが，“influence”の“in”は語源的に「中に」，“fluence”は「流れる」で，“influence”は語源的に「流れるように中に入ってくる」という意味をもち，日本語の感覚としては「影響」というよりも，むしろ目には見えにくい内面的・抽象的な「感化」や「影響力」といったものに近いものです。

一方，“effect”（“ef”（外へ）＋“fect”（作る））は“cause”（原因）と対をなす語句（cause and effect：因果（関係））で，因果関係がはっきりした客観的・物理的な「結果的影響・効果」

を表します。

ex. 彼は長年にわたって欧州の音楽界に強い影響を与えてきた。
He has had a strong *influence* on the world of European music for many years.

ex. 自然環境の変化によって野生動物の生活は劇的な影響を受けている。
Changes in the natural environment have a dramatic *effect* on the lives of wild animals.

ex. 彼は大学でドップラー効果について研究している。
He is doing research on the Doppler *effect* at university.

② free ＝自由な？：知識としての単語力

東大の入試問題で次のような文章が出題されたことがあります（2006年・要約問題の第1パラグラフから）。第1文に注目してほしいのですが，皆さんならどう訳出するでしょうか。

Democracy is unthinkable without the ability of citizens to participate freely in the governing process. Through their activity citizens in a democracy seek to control who will hold public office and to influence what the government does. Political participation provides the mechanism by which citizens can communicate information about their interests, goals, and needs, and create pressure to respond.

「民主主義は市民の自由に参加する能力がなければ考えられない」と訳してみても，わかったような，わからないような微妙な感じです。

まず，“Democracy is unthinkable without ～”（民主主義は～がなければ考えられない）といっているわけですから，この文章は民主主義の成立条件を述べようとするものだということがわかります。そこで，民主主義が成立するためには市民の能力がなければならない（“without the ability of citizens”）として，それがどのような能力なのかを“to participate freely”で説明しています。

ここがポイントなのですが，“the ability to participate freely”を「自由に参加できる能力」と訳してしまえば万事休すです。「自由に参加できる能力」とは一体どんな能力なのでしょうか。自由に参加するだけのことがなぜ民主主義の成立条件になるのか，どうもピンときません。

“the ability to participate freely” ＝「自由に参加する能力」というのが何となくおかしいと気づいた受験生も多いと思いますが，まず，“participate”という単語も，単語帳的に「participate ＝参加する」では，その意味を理解することはできません。

“participate”（parti：部分＋cipate：取る＝take part）の“part”には「部分」という意味のほかに「役割」という意味もあり，“participate”は，単に参加するのではなく，「その部分・一部になる」，その中で何らかの「役割を担う」というニュアンスをもつ言葉なのです（単に参加するならば，“join”や“enter”（加入する）です）。

一方，“free”がもつ意味では，①束縛を受けない身体的な自由*（free agent：自由契約選手），②言論の自由などの人権としての自由（free speech：言論の自由），そしてまた③思想や行動における自由意志に基づく自由*（free action：自由行動）などというものがあります。

＊政治学では一般的に，①の自由を「消極的自由」，③の自由を「積極的自由」と呼びます。

“the ability to participate freely”とは，③の意味での自由意志により，「自発的に・自ら役割を担おうとする能力」と訳出することができ，“Democracy is unthinkable without the ability of citizens to participate freely.”とは，「民主主義とは市民たちに自発的に役割を担おうとする能力が備わっていなければ成立できないもの」，すなわち民主主義が市民の自律性を前提としてはじめて成立する政治体制（積極的自由によって成立する政治体制）であることをいう文章だと理解できるわけです。

参考・訳例

民主主義とは，その運営過程において，市民たちに自発的に役割を担おうとする能力が備わっていなければ成り立たない政治体制である。民主社会にある市民たちは，そうした彼らの活動を通じて，権力者を決め，政府の活動に影響力を行使することを求めていく。政治的な参加によって，市民たちは彼らの関心や目標，欲求を伝え，そして対応への圧力をかけることができる仕組みを手にしていくことになる。

＊ democracy：(u) 民主主義，民主政治，民主制

＊ a democracy：(c) 民主社会

③感性＋知識＋例文＝語彙力

このような“free”の意味は，**原義や語源からのイメージではなく，その単語に関する知識があってはじめて知ることができるものです。**“perceive が目で，conceive が頭でつかむ”といったことや，“effect が結果的影響・効果である”ことなども同様です。

このように**感性レベルと知識レベルの両レベルで，辞書を活用しながら丹念な学習を積んでいくと同時に，さらに実用レベルで辞書などに掲載されている例文を読み込んでいくことで，それぞれの英単語や表現様式がもつイメージやニュアンスを理解でき，本当の意味での語彙力を高めていくことができるようになります。**

そして，そうした語彙力の向上によって，自分で書いた英文が相手にどのように伝わっていくかがわかり，伝えたいことを思い通りに表現できるようになっていきます。言語であれ芸術であれ音楽であれ，表現できることはとても楽しいことであり，そうした英語独自の表現様式を学びながら，母語とは異なる言語的世界へ踏み込んでいくことは，とても興味深い知的冒険ともなってくるものでもあります。“本物の語彙力”を習得して皆さんにもそうした喜びや感動をぜひ味わってもらいたいと思います。

その道のりは決して平坦なものでなく，また短いものでもありません。特に慣れないうちは途方もない道のりのように思えるかもしれません。しかし，何事においても一歩一歩の積み重ねからなるものです。“千里の道も一歩から”です。やがて単語学習の楽しみがわかるようになる時が必ずやってきます。そうなれば英語はあなたのものです。

— MEMO —

— MEMO —

英語を学習するすべての人々へ本書を贈ると共に，我々の亡き両親に捧げる。

This book is presented to all the people who enjoy learning English and is dedicated to our parents.

著　者　**鍋谷 賢市**　駿台予備学校英語科講師　関西学院大学卒
Nabetani Ken-ichi
born in Osaka City in the middle period of Showa era
working for the Sundai School

校閲者　**鍋谷 弘治**　著者の弟　東京工業大学大学院卒
Nabetani Kouji
lecturer in English, qualified architect, and multi-entrepreneur

著者後記

校閲者の弟弘治には，細部にわたりアイデアをもらい，彼の様々な指摘によって使いやすい受験参考書に仕上げることができました。あらためて彼の能力に敬意を表します。

そして，最後になりましたが，駿台文庫・編集部の上山匠氏，長谷川紗耶氏の両氏には編集という誠に労力のかかる作業にご尽力をいただき心より謝意を申し上げます。上山氏から「学生のためになる良い本」を作りたいとの言葉をいただき，氏の力添えがなければ本書が世に出ることはありませんでした。本書が「学生のためになる良い本」になることを願うと同時に，氏に心より御礼申し上げたいと思います。

2016年 2月吉日

鍋谷　賢市

スラスラ英作文教室
— 表現力と思考力をアップさせる —

著　　　者	鍋　谷　賢　市
発　行　者	冨　田　　　豊
印刷・製本	株式会社 日本制作センター
DTP 組版	邑　上　真　澄

発　行　所　　駿台文庫株式会社
〒101-0062　東京都千代田区神田駿河台1-7-4
小畑ビル内
TEL. 編集 03(5259)3302
販売 03(5259)3301
《① － 272pp.》

落丁・乱丁がございましたら，送料小社負担にてお取替えいたします。
ISBN978-4-7961-1120-1　　Printed in Japan

http://www.sundaibunko.jp
駿台文庫携帯サイトはこちらです→
http://www.sundaibunko.jp/mobile

Contents

Part Ⅱ　表現様式授業（ツール編）

1．対比・因果・換言関係の表現様式

(1) 対比関係

日本語にも「しかし」,「けれども」,「ところが」など，対比を表す様々な語句がありますが，それらの強弱を言語的に表現することはできません。一方，**英語には対比関係の強弱を示す語句や表現様式が存在し，それらに応じて情報の強弱を識別することができます。**

対比関係は以下の３つに分類することができます（接続マーカー（discourse marker）とは，文と文をつなぐ役割を担う語句（主に接続詞や副詞，前置詞句など）のことをいいます）。

①強い対比（逆接マーカー：ＡではなくＢだ）

対立するＡ項を否定的に捉え，Ｂ項を主情報として表現したい場合に，強い対比を表す「逆接マーカー」を用います。

＊**however，but，yet**

⇒**however ＜ but ＜ yet の順で逆接の意が強くなり，“however”は話題の反転を，“but”は対立を，“yet”は展開（まだ続きがあって～）をそれぞれ表します。**

⇒また however は副詞，but・yet は等位接続詞の役割を担います。

⇒however の位置は通例，文頭（However, S ＋ V ～）もしくは主語と動詞の間に挿入（S, however, V ～）します。

ex. 子供の頃は貧しかったが，幸せだった。

I was poor in my childhood. **However**, I was happy.

→“poor”から“happy”への反転を表します。

→「貧しかった。けれども幸せだった。」

I was poor in my childhood, **but** I was happy.

→“poor”と“happy”の対立を表し，後者を強調します。

→「貧しかったが，幸せだった。」

I was poor in my childhood, **yet** I was happy.

→“poor”から“happy”への展開を表し，より強く逆接性を表します。

→「貧しかった，それでも幸せだった。」

＊nevertheless，instead，on the contrary

⇒いずれも副詞（句）の働きをし，通例，文頭に置きます。

ex. 彼はとても疲れていたが，それにもかかわらず仕事を続けた。
He was very tired. **Nevertheless**, he kept on working.
→nevertheless：それにもかかわらず

cf. He was very tired, **but nevertheless** he kept on working.
→but と呼応してさらに強い対比を表します。

ex. 彼は作家志望であったが，今は本屋の店主をしている。
He wanted to be a writer. **Instead,** he keeps a bookstore now.
→instead：そうではなく，その代わりに
→文末に置かれることもあります。

cf. He wanted to be a writer, **but instead** he keeps a bookstore now.
→but と呼応してさらに強い対比を表します。

ex. その歌手は全盛期は過ぎたと言われていたが，それどころかその歌声はこれまでにもましてすばらしいと私には思えた。
The singer was said to have been past his prime. **On the contrary**, I thought his singing better than ever.
→on the contrary：その反対に，その逆に，それどころか

②弱い対比（譲歩マーカー：A だけれども B だ）

対立する A 項を一旦認めたうえで，B 項を主情報として表現したい場合に，弱い対比を表す「譲歩マーカー」を用います。

＊though，although，while

⇒though，although，while は従位接続詞です。

⇒although：though よりもやや強意的でかたい語で，通例，文頭に置かれます。

ex. 雨が降っていたけれども，その試合は開始された。
The game was started **though** it was raining.
Although it was raining, the game was started.

ex. その仕事が困難なのは認めるけれども，不可能とは思わない。
While I admit that the task is difficult, I don't think that it's impossible.

＊in spite of，despite

⇒in spite of～：（驚きや意外性を表して）～にもかかわらず

⇒despite はややかたい語です。

ex. あらゆる努力をしたにもかかわらず，彼らの事業は失敗に終わった。

Their enterprise ended in failure **in spite of** all their efforts.

ex. 彼は老齢にもかかわらず元気だ。

He's in good shape **despite** his age.

③並置（対照マーカー：一方は A で，他方は B だ）

A 項よりも B 項に重点を置く逆接・譲歩マーカーとは異なり，両者を対照的に並置したい場合は，「対照マーカー」を用いて表現します。

＊while，on the other hand，in contrast

⇒while は従位接続詞，on the other hand，in contrast は副詞句です。

ex. 彼はスポーツが好きで，一方，私は本が好きだ。

He likes sports, **while** I like books.

ex. その地域では食糧は豊富にあったが，他方で水が不足していた。

In the area, *on the one hand* food was abundant, but **on the other hand** water was running short.

→A 項と B 項が並置される場合と B 項に重点が置かれる場合とに分かれます。この場合は but により B 項に重点が置かれていることが確認できます。

→on (the) one hand ⇔ on the other hand の対をなしますが，多くの場合，後者が単独で用いられます。

ex. 日本では電子書籍が普及しつつある一方で，従来からの本屋が衰退しつつある。

Electric books are becoming popular among the Japanese. **On the other hand,** traditional bookstores are vanishing.

ex. 彼は内向的で，奥さんは社交的だ。

He is shy. **In contrast**, his wife is sociable.

→in contrast：（前述・既述の内容とは）対照的に

＊one ＋名詞～ ⇔ another ＋名詞…
some ＋名詞～ ⇔（the）others

ex. 知っているのと教えるのとはまったく別のことだ。
To know is **one** thing, and to teach is quite **another**.
→ A is one thing and B is another : A と B は別物だ

ex. 甲の薬は乙の毒《ことわざ》（人によって好みは様々だ）
One man's meat is **another** man's poison.

ex. 猫好きもいれば，犬好きもいる。
Some like cats ; **others** like dogs.
→ ；（セミコロン）は，対照・比較などを示す独立した２つの文を接続する際にも用いることができます。

対比関係の表現様式

強い対比（逆接マーカー：ＡではなくＢだ）
＊however，but，yet
＊nevertheless，instead，on the contrary

弱い対比（譲歩マーカー：ＡだけれどもＢだ）
＊though，although，while
＊in spite of，despite

並　　置（対照マーカー：一方はＡで，他方はＢだ）
＊while，one the other hand，in contrast
＊one ＋名詞～ ⇔ another ＋名詞…
some ＋名詞～ ⇔（the）others

⑵ 因果関係

強い対比・弱い対比があるように，**因果関係にも強い因果・弱い因果を表す語句や表現様式が存在します。**

①強い因果："because"

日本語にも「～なので」，「～だから」，「～ゆえに」などという原因・理由を表す様々な表現語句がありますが，その強弱を明示することはできません。英語では，因果関係を表す代表的な接続詞 because・since・as は **because > since > as** の順番で強弱を示すことができます。

"because" は直接的な原因を表すことから，原因・理由を主情報として表す必要がある場合や，相手が聞きたがっている場合などに用います。

強く言う必要がない，相手が聞きたがっていないのに，「～なので」，「～だから」となれば，何気なしに "because" を使って表現することは避けなければなりません。

ex. 彼は日頃から塩分を摂り過ぎていたので，結局，高血圧になってしまった。

He developed high blood pressure in the end **because** he had taken in too much salt for a long time.

→ "because" によってその原因を主情報として伝えるスタイルになります。

→ "because" は，通例，文末に置かれます。文頭に置かれることもありますが，重点情報は文末に置くというのが英語の原則です（**いわゆるエンド・ウェイトの原則➡下記参照**）。

→ develop＋O：～の病気を発病する

エンド・ウェイトの原則

英語では，文中での位置が比較的任意である副詞節に重点が置かれる場合，その節は文の後方に置かれる傾向にあります。原因・理由の主情報を表す "because" が通例，文末に置かれるのはこの原則のためです。本書では，"重点情報（副詞節）は文の後方に" をエンド・ウェイトの原則，"新情報は文の後方に" をエンド・フォーカスの原則として区別して呼びます（**➡新情報に関しては，p.24・2⑷②**）。

→ また，英語では，文の主語が長くなるのを嫌う傾向が強く，主語が不定詞ならば it（形式主語）で代用し，不定詞以下を後置するスタイルをとります。こうした原則を一般的に「エンド・ウェイト」と呼びますが，本書では「重点情報（副詞節）は文の後方に置く」という原則を「エンド・ウェイトの原則」として区別しています。

ex. 子供の頃，よくこの公園で遊んだ。

When I was a child, **I used to play in this park**.

→主節に意味の重点が置かれます。

ex. I used to play in this park **when I was a child**.

→when 節に意味の重点が置かれます。

ex. もし明日晴れれば，その公園へ行きます。

If it is fine tomorrow, **I'll go to the park**.

→if 節に意味の重点が置かれることはあまり多くなく，通例，文頭に置かれます。

②強い因果：無生物主語構文

“because”と並んで強い因果関係を示すのが，いわゆる「**無生物主語構文**」です。英語では無生物主語が用いられる頻度は日本語よりもはるかに高く，英文らしく表現するための有効な方法として，受験生にはぜひ習得してほしい表現方法の一つです。

無生物主語構文は，原因・理由を主語（文の中心要素）に据え，動詞を媒介にその結果・帰結を目的語や補語などによって示します。さらにその際，動詞によって様々なニュアンスを付加することができます（➡ p.50・5(1)）。

「もし塩分を摂り過ぎれば，将来，高血圧になる可能性がありますよ。」の例文にも，「塩分の摂り過ぎ」が原因で，「高血圧」が結果となる因果関係を読みとれます。さらに「塩分の摂り過ぎ」が即座に「高血圧」をもたらすわけではなく，「将来において」と言っており，因果関係の中でも「徐々に時間をかけて導かれる」というニュアンスも表現したいところです。

そこで，それらを表現する動詞として“lead”（導いていく）を選択し，因果関係を明示するスタイルとして，以下のように表現することができます。

“*Too much salt* will probably lead you to high blood pressure.”

→ *Too much salt*（原因）⇒ high blood pressure（結果）

→ lead + O + to ～：O を～という状況に至らせる（**導かれる因果関係**➡ p.50・5(1)）

→ will probably：確信度の高い推量を表します（➡ p.27・2(5)）

③強い因果：“by”

原因や手段を表す by（by + 名詞，by + V-ing）を用いて強い因果関係を表現することができます（➡ p.60・5(6)）。

ex. 彼はハイブリッド車に乗り換えることで燃料を節約することにした。

He decided to save fuel **by** *changing to a hybrid car.*

ex. 塩分の摂り過ぎで，将来，高血圧になる可能性がありますよ。

You will probably develop high blood pressure **by** *too much salt.*

→ by を用いる場合，因果関係の流れ〈原因⇒結果〉が逆になり〈結果⇒原因〉，特に，文章が長くなる場合などには，読みづらさが出てくることに留意してください。その際，by ～を文頭に置けば〈原因⇒結果〉の順で表現できることになりますが，この場合，通例では文末に置かれる by ～を文頭に置くことで by ～以下を強調する表現（文頭強調）になります。

強い因果関係の表現様式

＊because S V ～

⇒because は直接的な原因・理由を表し，通例文末に置かれます。

⇒S V ～ because …. の形で用いられ，Because …. といった単独の形では用いません。

＊無生物主語構文

⇒〈原因・理由→結果〉を明示し，因果関係を表現します。

＊by ＋名詞 / by ＋ V-ing

⇒原因・手段を主情報として表現します。

④弱い因果

“since” の原義は「～の後，～から」で，原因・理由というよりもむしろ「～以来」というニュアンスで，“because” のような直接的な因果関係は示さず，**補足情報として主に既知の理由を示し，文頭に置かれるのが通例です。**“because”のような直接的な因果関係を示さないので，“because” とは書き換えることはできません。

また，**“as” は軽く付帯的に理由を述べる場合に用いられます。**“because” が原因・理由以外の意味をもたないがゆえに強い因果関係を表すのとは対照的に，“as” はある事象と事象とが同時に起ったことを表すだけで，文脈に依存して様々な意味をもつことから，弱い因果関係を示すにとどまります（➡ p.58・5(4)）。

ex. 彼は病気で寝ていて，昨日，学校を休んだ。

He was absent from school yesterday **because** he was sick in bed.

→ 主情報として理由に焦点が当たっています。「病気で寝ていた」ことが主情報で，学校を休むことになった直接的な原因であることを示します。

Since he was sick in bed, he was absent from school yesterday.

→「彼が病気で寝込んで以来」といったニュアンスで，既知の理由（旧情報）を示します。

As he was sick in bed, he was absent from school yesterday.

→ “since” よりもさらに軽く既知の理由を付帯的に示します。

さらにまた，**分詞構文**（➡ p.19・2⑵）や**関係詞・非限定用法**（➡ p.47・4⑶②），**時系列**（～ **and [then]** …）によっても弱い因果関係を表現することができます。**接続語句を用いずに文脈だけで因果関係を表現するわけですから，これらはさらに補足情報として弱い因果関係を表現することになります。**

ex. 彼は日頃から塩分を摂り過ぎていたので，結局，高血圧になってしまった。

Having taken in too much salt for a long time, he developed high blood pressure in the end.

→ 文頭分詞構文（➡ p.21・2⑵）

He had taken in too much salf for a long time, **developing** high blood pressure in the end.

→ 文末分詞構文（➡ p.21・2⑵）

He had taken in too much salt for a long time, **and then** he developed high blood pressure in the end.

→ 一連の事実を時系列的に述べるなかで，文脈によって因果関係を示すスタイルになっています。

弱い因果関係（補足情報）の表現様式

＊Since S′ V′～，S V …

ex. 彼女は免許を取ったので，夫を駅へ送り迎えしている。

Since she got a driver's license, she drives her husband to the station and back.

＊As S′ V′～，S V …

ex. 夜になったので，雨が雪に変わりはじめた。

As night came, the rain began to change to snow.

＊分詞構文

ex. 彼は病気で寝ていて，昨日，学校を休んだ。

Being sick in bed, he was absent from school yesterday.

＊関係詞・非限定用法

ex. その学生は病気で寝ていて，昨日，学校を休んだ。

The student, **who was sick in bed**, was absent from school yesterday.

＊時系列：～ and [then] …

ex. 彼は病気で寝ていて，それで昨日，学校を休んだ。

He was sick in bed, **and then** he was absent from school yesterday.

→ "and" は同時，もしくは前後関係を表します。

ex. 彼は妻と会話をしながら食事をするのが好きだ。

He likes to have a meal **and** talk to his wife.

ex. 彼はいつも朝食をとって散歩に出かける。

He usually has a breakfast **and** goes for a walk.

＊S V ~ , for S′ V′…

→ for は等位接続詞で，文語的な表現になります。

→ 新情報を提示します。

ex. 私は彼の言うことを信頼できる。というのも彼はその道の専門家だからだ。

I can trust what he says, **for** he is an expert in that field.

⑤結果の明示

原因・理由でなく，その結果を明示したい，結果へ焦点化をはかりたい場合，以下のような表現様式を用いることができます。

結果の明示（結果への焦点化）の表現様式

＊so ～ that … 構文：とても～で…だ

→ "so" でスムーズな流れを作り，文章を切らずに結果（that 節…）へとつなげていく表現様式で，結果への焦点化がはかられます。

ex. 彼は日頃から塩分を摂り過ぎて，結局，高血圧になってしまった。

He had taken in **so** much salt for a long time **that** he developed high blood pressure in the end.

＊ , so ～，and therefore ～，and thus ～：そうして～

→ so ＜ therefore ＜ thus でかたい表現になります。

ex. He had taken in too much salt for a long time, **and therefore** he developed high blood pressure in the end.

＊ , so that ～：その結果～

ex. He had taken in too much salt for a long time, **so that** he developed high blood pressure in the end.

＊That is why ～，This is why ～：そういうことで～

ex. He had taken in too much salt for a long time. **That's why** he developed high blood pressure in the end.

＊as a result：結果として

→ result：最終的な結果

ex. He had taken in too much salt for a long time. **As a result**, he developed high blood pressure in the end.

＊as a result/consequence of ～：～の結果として

→ consequence：必然的な結果

ex. He developed high blood pressure in the end **as a consequence of** taking in too much salt for a long time.

＊and consequently ～：（かたく）その結果～

ex. He had taken in too much salt for a long time, **and consequently** he developed high blood pressure in the end.

(3) 換言関係

換言関係とは，同じ語句を繰り返し用いずに，同じような意味をもつ語句へと言い換えていく関係をいいます。英語では換言の頻度は高く，英語の表現様式の大きな特徴の一つになっています。

MSアプローチ

厳密な意味での換言関係ではありませんが，ここで換言関係と関連する英文構成上の重要テーマとして「**MSアプローチ**」を紹介したいと思います。

語句レベルの換言関係ではなく，文章レベルにおいて前文の内容に対して後文において補足的・具体的な説明や情報を換言的に付け加えていくという表現様式がとられることがあります。前文を**主文**（**main sentence**），後文を**補足説明文**（**support sentence**）として，これを本書では**MSアプローチ**と呼ぶことにします。具体的には次のようなものです。

「最近の日本では，教養豊かで仕事志向の強い大卒の未婚女性がますます増えている。そうした女性たちが，仕事に定着し，経済的にも安定すればするほど，ますます伴侶をもつ必要がなくなってくる。」　（オリジナル）

Nowadays more and more unmarried Japanese women are well-educated, career-oriented graduates（**main**）. The more settled these women are in their careers and the more financially secure they are, the less need they have for a partner（**support**）.

⇒ 第１文において，日本人の未婚女性が高学歴でキャリア志向を強めていることを述べています。そして，第２文で，未婚女性たちがそうした傾向を強めていくことで，さらなる晩婚化が進んでいくと，第１文の内容を補足説明しています。これが**MSアプローチ**という構成です。

さらに補足説明文には，主文の裏返しとして，その否定表現や仮定表現を用いるスタイルもあります。

＊否定表現による補足説明の例

「最近の日本では，教養豊かで仕事志向の強い大卒の未婚女性がますます増えている。彼女たちは経験を十分には活用できない，ただ妻や母親として家事労働に落ちつくことは望まないのである。」

Nowadays more and more unmarried Japanese women are well-educated, career-oriented graduates（**main**）. They don't want to be settled, only as a wife or a mother, in housework in which they can't make full use of their experience（**support**）.

＊仮定表現による補足説明の例

「最近の日本では，教養豊かで仕事志向の強い大卒の未婚女性がますます増えている。もし彼女たちが教育や昇進に対して男性と平等な権利を持っていなかったら，母親世代と同じように若くして結婚していただろう。」

Nowadays more and more unmarried Japanese women are well-educated, career-oriented graduates (**main**). If they hadn't have the same right to education and promotion as men, they would have married young like their mothers (**support**).

2．情報展開の表現様式

英語には対比関係や因果関係に関連して，情報を分かりやすく展開していく上で重要となる様々な表現様式が存在します。このセクションではそれらの中でも特に英文を構成していく上で欠かせない表現様式を紹介します。

(1) 比較表現：対象比較による情報展開

比較表現とは単に対象同士を比較することに加えて，より本質的には，人間やその行為，事柄（A項）に対して，**対比的に別の対象（B項）を持ち込むことで，A項の特徴や特質を明らかにしようとする**ものです。以下でその作成プロセスを追っていくことにしましょう。

【練習問題】次の日本文を英訳しなさい。

ここは沖縄と同じくらい暖かい。

【解　説】

単に「ここは暖かい」という表現に対して，「沖縄」という比較対象を持ち込むことで，「ここの気候」の特徴を述べようとする文章です。

これを逐語的に英訳して“Here is as warm as Okinawa.”としてみても，これは荒唐無稽な英文でしかありません。

→ Here is ～ .：(特に相手の注意を引くために）ほらここに～があるよ。

比較表現の作成手順

(1) 同一形態をもつ2つの文章を合成することからはじめます。

「ここは暖かい」: It is warm here. ＋「沖縄は暖かい」: It is warm in Okinawa.

→ 天候を表す場合，主語は it を用います。

⬇

(2) It is as warm here.

→ 共通する前者の形容詞・副詞の前に as（副詞：同じくらい）を置きます。

→ 副詞 as は後に同一を表す接続詞 as（S が V するのと同じように）がくることを読み手に示す役割（情報予告）を担い，流れを作りながら接続詞 as 以下につなげていきます。

⬇

(3) It is as warm here as it is warm in Okinawa.

→ 同一を表す接続詞 as で両文をつなぎます。

⬇

(4) It is [as] warm here [as] it is ~~warm~~ in Okinawa.

→接続詞 as 内の形容詞・副詞を消去します。また，主文と重複するそれ以外の語句は省略することができます。

⬇

【作　例】

It is as warm here as [it is] in Okinawa .
(here = A, in Okinawa = B)

→here（A項）に対する比較対象は in Okinawa（B項）です。

→以上の手順は比較級においても同様です。

ex. ここは沖縄よりも暖かい。

It is *warmer* here *than* [it is] in Okinawa.

比較対象の明確化

比較対象（B項）はA項との比較考量が文の形態や内容において可能となるような共通項を有していなければなりません。その共通項が明確であればあるほど，A項の特質を明らかにする効果を高めることができます。

ex. フランスの気候はロシアよりも穏かだ。

The climate of France is milder than that of Russia.
(The climate of France = A, that of Russia = B)

→that ＝ the climate

× The climate of France is milder than Russia.

→フランスの気候とロシアには何らの共通項も存在しないことから比較考量することができません。

cf. フランスの気候はイギリスよりも穏かです。

The climate of France is milder than that of England.
(The climate of France = A, that of England = B)

→ロシアよりも同じ温暖気候に属するイギリスと比較することで，フランスの気候の穏かさをよりわかりやすく伝えるスタイルになっています。

【練習問題】 次の日本文を英訳しなさい。

外国語を話せる能力は，外国を理解するために必要不可欠なのと同様に，自国を深く理解するためにも必要不可欠である。

【解　説】

(1)「**外国語を話す能力は，外国を理解するために不可欠である。**」

The ability to speak a foreign language is indispensable to understand foreign countries.
A項

→ to understand：理解するために（目的）

＋

「**外国語を話す能力は，自国を深く理解するために不可欠である。**」

The ability to speak a foreign language is indispensable to appreciate your own country.
B項

→ appreciate ～：～の価値を理解する

⬇ ２文合成

(2) The ability to speak a foreign language is as indispensable to appreciate your own country as the ability to speak a foreign language is indispensable to understand foreign countries.

⬇ 共通する形容詞・副詞の消去

(3) The ability to speak a foreign language is as indispensable to appreciate your own country as it is ~~indispensable~~ to understand foreign countries.

→ it = the ability to speak a foreign language

⬇

【作　例】

The ability to speak a foreign language is **as** indispensable to appreciate your own country **as** it is to understand foreign countries.

The ability to speak a foreign language is **as** indispensable to the appreciation of your own country **as** it is indispensable to the understanding of foreign countries.

→ 文の形態上の共通性を高めるために，不定詞に代えて名詞構文を用いて表現しています。

→ 名詞構文：the appreciation of ～：～の価値を理解すること
　　　　　the understanding of ～：～を理解すること

The ability to speak a foreign language is **no less** indispensable to appreciate your own country **than** it is to understand foreign countries.

→A no less ~ than B：Bが～であるのと同様にAも～である （➡p.57・5(3)）

The ability to speak a foreign language is **no less** indispensable to the appreciation of your own country **than** it is indispensable to the understanding of foreign countries.

(2) 分詞構文と付帯状況を表す with：主情報と補足情報の展開

分詞構文は補足情報として，時や理由，譲歩，条件などの意味を表現する様式として用いられます。それに対して**付帯状況を表す with** は分詞構文よりも情報を明示する表現様式です。

> **【練習問題】** 次の日本文を英訳しなさい。
>
> **彼は目を閉じてそこに座っていた。**

【解　説】

分詞構文：He was sitting there, *closing his eyes*.（補足情報）

→「目を閉じていた」ことは**補足情報**として表せられます。

付帯状況を表す with：He was sitting there **with** *his eyes closed*.（主情報）

→「目を閉じていた」ことが**主情報**となります。

→ "closing his eyes" に対して，"with" をつけて "with his eyes closed" とすることで，分詞構文よりも相対的に情報を明示します。

→ "with him closing his eyes" としないのは，文の主語と意味上の主語が一致する場合，意味上の主語が現れるとくどい表現になるからです。

【練習問題】 次の日本文を英訳しなさい。

戦闘機が四六時中通るので，空港の周辺に住む人々は常に危険にさらされている。

【解　説】

Fighter planes coming over all the time, the dwellers living near the airport are always put in danger.

→ 分詞構文を用いて補足情報として理由が述べられています。

→ 通例，分詞の意味上の主語は文の主語に一致します。一致しない場合は意味上の主語を分詞の前に置きます（いわゆる独立分詞構文）。

The dwellers living near the airport are always put in danger **with** *fighter planes coming over all the time.*

→ 分詞構文と比較して，"with" 以下の情報が明示されるスタイルになります。

The dwellers living near the airport are always put in danger **because** *fighter planes are coming over all the time.*

→ "because" によってさらに主情報（住民たちが危険にさらされている理由）として表されます。

【練習問題】 次の日本文を，付帯状況の with を用いて英訳しなさい。

彼は新聞から目も離さず，「言いたいことはそれだけか」と私に言った。

【作　例】

He said to me **with** his eyes on the newspaper, "Is that all you want to say."

With his eyes on the newspaper, he said to me, "Is that all you want to say."

分詞構文の適用：補足情報として表現する

①～する時（時間）　②～なので（理由）　③～だけれども（譲歩）　④～すれば（条件）

⬇

文頭分詞構文：〈分詞～〉, S V ….

ex. 彼は泳ぎが得意なので溺れることはありえない。

Being a good swimmer, he cannot be drowned.

⑤そして～（順接）　⑥～しながら・～して（同時）

⬇

文末分詞構文：S V …, 〈分詞～〉.

ex. 彼は電話で話をしながら，ソファに寝そべっていた。

He was lying down on the sofa, *talking on his phone*.

ex. 彼はソファに寝そべりながら，電話で話していた。

He was talking on his phone, *lying down on the sofa*.

付帯状況の with の適用：主情報として表現する

①Oが～しているので（理由）　②Oを～しながら・～して（同時）
③Oを～したまま（放置）

⬇

with + O +(1) **V-ing**：I can't see anything *with you standing there*.
あなたがそこに立っているから何も見えません。

(2) **p.p.**：He was sitting there *with his legs crossed*.
彼は足を組んでそこに座っていた。

(3) **形容詞**：Don't speak *with your mouth full*.
口を食べ物でいっぱいにして話してはいけません。

(4) **副　詞**：She fell asleep *with the CD player on*.
彼女は CD をつけたまま寝入ってしまった。
She came into the room *with her hat on*.
彼女は帽子をかぶったままその部屋へ入った。

(5) **前＋名**：He was standing there *with his hands in his pockets*.
彼は両手をポケットに入れたままそこに立っていた。

(3) 強調構文：重要情報の展開

重要情報として文章中の語句を強調したいとき，**強調構文**を用いて表現することができます。その際，以下の点に注意します。

強調構文

It is ~ that …
⇒ 文章中の強調したい語句を～に挿入します。

①強調できる語句は，**主語**，**目的語**，**主に時や場所，原因・理由を表す副詞・副詞句・副詞節**，および**疑問詞**です。

②動詞，第4文型における間接目的語（O_1），補語となる名詞・形容詞は強調することはできません。

③since や as は軽い理由づけをするもので，強い因果関係を表す **because 節**のみが強調構文によって強調されることになります。

④疑問詞を強調する場合は，**"疑問詞＋is it that～?"**の形をとります。
→ 間接疑問文の場合は，**"疑問詞＋ it is that ….**"の形をとります。

⑤過去の文や過去を表す副詞語句（例：yesterday）を強調する場合は，通例，**"It was ~ that …"**とします。

⑥通例，強調される語句が人間の場合は that の代わりに **who** を，物の場合は **which** を用いることがあります。紛らわしさを避けるために，この形をとることで採点官にもわかりやすくなり，受験生にはこの形をお薦めします。

【練習問題】 次の日本文の①～④の語句を強調構文を用いてそれぞれ強調して英訳しなさい。

彼は① **彼女に**② **昨日**③，**誕生日プレゼント**④**をあげた。**

【作　例】

① **It was** *he* **who** gave her a birthday present yesterday.
→ 彼女に昨日，誕生日プレゼントをあげたのは**彼**だった。

② **It was** *to her* **that** he gave a birthday present yesterday.
→ 彼が昨日，誕生日プレゼントをあげたのは**彼女**だった。
→ × It was her that he gave a birthday present yesterday.

③ **It was** *yesterday* **that** he gave a birthday present to her.

→ 彼が彼女に誕生日プレゼントをあげたのは**昨日**だった。

④ **It was** *a birthday present* **which** he gave to her yesterday.

→ 彼が彼女に昨日あげたのは**誕生日プレゼント**だった。

(4) 受動態の本質：重要情報の展開・新情報と旧情報の展開

①重要情報の展開：強調表現としての受動態

受動態とは能動態から機械的に書き換えられたものではなく，**主語（特に新情報の場合）が主体を示す by**（主体の by ➡ p.61・5(6)(3)）**によって強調される表現様式**となるものです。

ex. 塩分の摂り過ぎは高血圧を引き起こします。

High blood pressure is caused **by** *too much salt.*

→ "high blood pressure" が文の中心要素となり，それが "too much salt" という原因によって引き起こされることを強調するスタイルです。

cf. *Too much salt* causes high blood pressure.

→ "too much salt" が文の中心要素で，それが "high blood pressure" という結果をもたらすという因果関係を明示するスタイルです。

また，主語の強調表現とは逆に，by が現れない受動態も存在します。①特定の動作主を設けず一般論として述べる，②動作主が不明か特定できない，③逆に動作主が自明あるいは文意から判断されることからあえて表示する必要がない，④主語を変えずに文をつなげたい，⑤婉曲的に伝えたいなどの場合に用いられます。

ex. 日本では８という数字は幸運な数字と考えられている。（①のケース）

The number 8 is regarded as a lucky number in Japan.

ex. 彼は罰を受けるだろう。（②のケース）

He will be punished.

ex. その国では公用語として英語が話されている。（③のケース）

English is spoken as an official language in that country.

ex. 犬が家の中に入ってきたが，すぐに追い払われた。（④のケース）

The dog came into the house, but was soon driven off.

ex. その窓が割れちゃったんだ。（⑤のケース）

The window got broken.

→ I broke the window.（僕が割ってしまったんだ）とは言いづらい時に，婉曲的に表現する方法として受動態が用いられることがあります。

→ get は by 以下を必要としない文脈で，be 動詞の代わりに，被害・影響・恩恵を強調します。

→ be＋p.p. が動作と状態を表すのに対し，get＋p.p. は動作を表します。

②新情報と旧情報の展開：旧情報から新情報への流れをつくる

ここで受動態に関連して，英語の基本原則の一つである「旧情報から新情報へ」についてお話しておきます。「旧情報から新情報へ」とは，相手が既知の情報（旧情報）は前方に，知らない新情報は後方に置くことをいいます（➡エンド・フォーカスの原則 p.8）。

旧・新情報が交じり合う場合に，情報の流れ方をスムーズにし，相手に伝わりやすくするもので，①の新情報の強調表現とは別の用法として，受動態がこの「**旧情報→新情報**」の流れをつくりだす役割を担うことがあります。

ex. このお皿を見てくださいよ。この子が割ったんですよ。

Just look at this dish.　This boy broke it.
（This boy：新情報　it：旧情報）

⬇

Just look at this dish.　It was broken by this boy.
（It：旧情報　this boy：新情報）

→ 受動態に転換することで，「新情報→旧情報」ではなく，「旧情報→新情報」の流れが作りだされています。また “it”（＝“this dish”）が “this dish” の直後にくることで，情報の流れがよりスムーズになっています。

【練習問題】 次の日本文を英訳しなさい。

これは国内にある最も古い駅舎で，明治期に，ある大富豪（a millionaire）によって建設されたものです。

【作　例】

This is the oldest station house in this country, which was constructed by a millionaire in the Meiji era.

→ 関係詞・継続用法（➡ p.49・4⑶④）

A millionaire constructed it in the Meiji era.
新情報　旧情報
↓
It was constructed by a millionaire in the Meiji era.
旧情報　新情報
→唐突感もなく自然な流れが作りだされています。

(5) 確信度を示す助動詞と副詞：主張・譲歩の情報展開

英語では可能性や推量に関する話し手の確信度の強弱を助動詞や副詞を用いて表現することができます（➡“certainly”に関しては，プロセス編 p.134 実戦演習(8)）。

確信度を示す助動詞と副詞

可能性や推量を表す助動詞や副詞は，次の順で話し手の確信度の高さが表現されます。

＊助動詞

must（90％以上）＞ will ＞ would ＞ ought to ＞ should ＞ can（50～60％）＞ may＊1 ＞ might ＞ could（30％以下）

＊副　詞

certainly（90％以上）＞ probably（80％以上）＞ likely（70％以上）＞ possibly（50～60％）＞ maybe，perhaps（30％以下）

さらに逆接マーカーと共に用いられる actually，in reality，undoubtedly，indeed＊2，in fact＊3なども，話し手の高い確信や主張を示す語句として用いられます。

＊1　通例，may は確信度の低さを表し，主張ではない一般論などを展開する場合に用いられます。ただし，たとえ主張であっても確かな証拠をもって証明できない場合や，主張表現の断定口調を避けたい場合などにも may を使って表現することがあります。can，could，might，さらに seem などにも同様の用法があります。次のような場合は，逆接マーカーとの位置関係によって区別することができます。

ex. 早期の英語教育は子供たちに弊害をもたらすかもしれないけれども，英語能力はグローバル化の時代には不可欠だ。
Too early teaching English **may** have harmful effects on children. However, the ability to speak English is indispensable in the age of globalization.

→ “may” は確信度の低い推量で，譲歩を表しています。

ex. 多くの教育者たちは早期の英語教育に反対するが，英語能力はグローバル化の時代にはより不可欠になるだろう。

Many educators oppose too early teaching English, *but* the ability to speak English **may** be more indispensable in the age of globalization.

→ “may” が主張表現を和らげる働きをしています。

ex. 誰もその建物のことには言及しなかったが，私には明らかに，その建物は修理する必要があると思えた。

No one referred to the building, *but* it **seemed** obvious to me that the building needed repairing.

→ “seem” が主張表現を和らげる働きをしています。

＊2　indeed にも譲歩を示す用法があり，主張か譲歩のいずれを示すかは，通例，逆接マーカーなどの位置によって判断されます。

ex. その女優は実に美人であったが，若い女性の間では評判はよくなかった。

The actress was very beautiful **indeed**, but she was unpopular with young women.（譲歩）

ex. 株式市場は活況を呈していたが，実はバブル経済が崩壊しつつあった。

The market was active, *but* the bubble economy was **indeed** collapsing.（主張）

＊3　in fact には次の用法があることに注意してください。

(1)（前言を否定して）（ところが）実際は

ex. その男優はとても若く見える。ところが実際は 80 歳だ。

The actor looks very young, but **in fact** he is eighty years old.

(2)（前言を補強して）実際に

ex. 彼は努力家だ。実際に彼は何事にも努力を惜しまない。

He is a hard worker. **In fact**, he spares no effort to do anything.

【練習問題】 次の日本文を英訳しなさい。

今夜は雨になるかもしれない。

【解　説】

それぞれの文章によって，次のようにそれぞれ異なったイメージが表現されます。

It'll probably rain tonight.

→ will は must と並んで確信度の高い推量を表します。

→ 確信度がかなり高いことから，probably を入れてやや弱める表現をとることがあります。

It can rain tonight.

→ 雨が五分五分の可能性で降るかもしれない状況がイメージされます。

It may rain tonight.

→ 可能性は低いけれども，ひょっとしたら雨になる可能性があることがイメージされます。

【練習問題】 次の日本文を英訳しなさい。

（医師が患者へ忠告するといった文脈で）

もし塩分を摂り過ぎれば，将来，高血圧になる可能性がありますよ。

➡プロセス編p.194・コラム(1)

【解　説】

ここで再び「もし塩分を摂り過ぎれば，将来，高血圧になる可能性がありますよ。」を確信度を示す語句を用いて表せば，

Too much salt can lead you to high blood pressure.

→ 五分五分の可能性があることが示されます。

さらにより可能性が高いことを強調したければ，以下のように表現できます。

Too much salt is likely to lead you to high blood pressure.

Too much salt will probably lead you to high blood pressure.

Too much salt will undoubtedly lead you to high blood pressure.

3．時制の表現様式

時制の理解は英文構成にとってとても重要なポイントです。時制によって多くのことが表現できると同時に，時制表現が英文構成の出来を大きく左右するといっても過言ではありません。

英語の時制表現には特有のものがあり，英語学習者にもあまり理解が深められていないテーマの一つです。ここで動詞の時制についてしっかりと学習することで表現力を一気に高めていきましょう。

(1) 現在形

まず重要なのが動作動詞の現在形の表現様式です。動作動詞の現在形のイメージは，**“どっしりとして動かない”**というイメージです。そこからまず①**習慣性**，②**永続性**が表現されます。習慣的にやっていることは少々のことでは動かない，つまりは変化しないものです。長く続く動作も同様のイメージです。

一方，習慣性と永続性が時間的に長く続くものであるのに対して，“今日でも，昨日でも，明日でも”成立する，つまり時間的要素に制約されない事柄（③**不変性**）を表す場合があります。いわゆる不変の真理が現在形で表されるのもその一つです。

動作動詞の現在形：“どっしりとして動かない”というイメージ

①習慣性

ex. 私は毎朝，新聞を読んでいる。

I *read* the newspaper every morning.

× I'm reading the newspaper every morning.

②永続性

ex. この川は町の中央を貫いて流れている。

This river *flows* through the center of the town.

× This river is flowing through the center of the town.

③不変性

ex. 人は幸福を求めて生きるものだ。

A man *lives* in the pursuit of happiness.

→ the pursuit of happiness：名詞構文（➡ p.55・5(2)）

ex. 三角形の内角の和は２直角である。

The internal angles of a triangle added together *make* two right angles.

→ 不変の真理

【練習問題】次の日本文を英訳しなさい。

彼のことならよく知っていますよ。彼はたいてい５時に帰宅して，６時に風呂に入り，７時に家族と夕食を食べています。

【作　例】

I know him very well. He usually comes home at five, takes a bath at six and eats dinner with his family at seven.

【解　説】

「～する」という動作を表す動詞を**動作動詞**と呼ぶのに対して，「～している」という状態を表す動詞を**状態動詞**と呼びます。また，come（来る），take（取る），eat（食べる）は動作動詞で，その習慣は現在形で表します。

ex. 彼のことならよく知ってますよ。

I *know* him well.

→ know：知っている（状態動詞）

ex. 私には二人の娘がいます。

I *have* two daughters.

→ have：持っている（状態動詞）

【練習問題】次のようなサークル活動参加への勧誘文を英訳しなさい。

このサークルに参加すると，たくさんの友達を作るチャンスがありますよ。皆さん来てくださいね。

【作　例】

This club gives you a good chance to make a lot of friends. Join us!

【解　説】

この作例の時制に注目してください。現在形（gives）が使われているニュアンスがわかれば，現在形の表現様式が自分のものになっているといえます。現在形を用いることによって，このサークルは昨日でも，今日でも，明日でも，いつでも友だちを作るチャンスを提供できますよと，不変の真理のごとく高い確実性をアピールできることになります。

時制だけでもこれだけのことが表現できてしまいます。英語表現にとって時制の理解がとても重要なポイントになってくることが理解してもらえると思います。

(2) 進行形

時制表現についてさらに理解を深めていきましょう。次に皆さんに紹介したい重要な時制表現が進行形（be＋V-ing）です。

どっしりとして動かないイメージの現在形とは対照的に，進行形はV-ingのもつ **“動きのイメージ”** をもとに，「～している」に加えて，「～しかかっている」というニュアンスを表現します。前者は周知のように①**進行中・継続中の動作**を表し，後者はある状態へ向かおうとする②**接近や終息**を表します。さらに③**変化・進展していく状況**も進行形で表現されます。

また，目前に展開される④**意図された状態**や⑤**反復される動作**を捉えて，進行形によって話し手の感情が表現されることもあります。

①進行中・継続中の動作，一時的な動作

ex. 彼は今テニスをしている。（進行中）

He *is playing* tennis now.

ex. 彼は卒業論文の執筆中だ。（継続中）

He *is writing* a graduation thesis.

ex. 彼は今学期は地下鉄で通学しています。（一時的）

He *is taking* the subway to school this semester.

cf. He *takes* the subway to school.

→習慣的あるいは継続的に「いつも地下鉄で通学している」ことを意味します。

ex. この川は今日はいつになく流れが速い。（一時的）

This river *is flowing* unusually fast today.

②接近・終息する動作

ex. この列車は終点博多にまもなく到着します。

This train *is arriving* at Hakata terminal in a few minutes.

→到着しかかっている

ex. その花は閉じかけている。

The flower *is shutting*.

→「閉じる」ことへ接近していくというイメージ

ex. そのバスは止まりかかっている。

The bus *is stopping*.

→「止まる」ことへ接近していくというイメージ

ex. 両親が今日やって来ます。

My parents *are coming* today.

→ 来ることが近づいている

→ 間近に迫った予定を表します (➡プロセス編 p.81 実戦演習⑸・語句選択)

③変化・進展していく動作・状態

ex. 最近，新車を買う若者たちがますます減ってきている。

Fewer and fewer young people *are buying* new cars these days.

→ “more” や “fewer” などの増加・減少を意味する形容詞や副詞を伴うとき，多くの場合，進行形が用いられます。

ex. 貧困家庭について考える人々が以前にもまして増えてきている。

People *are thinking* about a poor family more than before.

ex. 年をとるにつれて彼女はますますお母さんに似てきている。

She *is resembling* her mother more and more as she grows older.

→ 似ている状態がますます強まっていくことを表しています。

ex. 彼女のことがますます好きになってるんだ。

I'*m liking* her.

→ 思いが大きくなっていく状態を表すのにまれに進行形が用いられます。

④意図された一時的な状態

ex. 今日はいい子にしてるね。いつもそうだったらいいのにね。

You *are being* a good boy today. I wish you were always so.

→ be 動詞はあまり変化しない本質を表現します。そこに，一時性を表す進行形を用いることで，故意にしているという含みや非難のイメージをつくりだします。

cf. 君はいい子だ。

You *are* a good boy.

⑤反復される動作

ex. いつもそんなことを言っているね。

You'*re* always *saying* that.

→ “always” や “again” などを伴って動作がしばしば繰り返されることを強調しながら，時に相手（主語）に対する非難や苛立ちなどの感情を表現します。

【練習問題】次の日本文を英訳しなさい。

屋根が落ちるぞ！　みんな逃げろ！

【作　例】

The roof is collapsing.　Get away!

→「崩れる」ことへ接近している，すなわち崩れかかっているという感じです。

→兆候どころではなく，まさに崩れかかっている状態ですから，みんな逃げ出します。

【解　説】

① will，② be going to-V，③現在形を用いると，それぞれ次のような意味になります。

① The roof will collapse.：その屋根は落ちるだろう。（推量）

→ “will” は話し手の確信度の高い推量を表します。

② The roof is going to collapse.：その屋根は落ちようとしつつある。（予兆）

→ “be going to-V” は「～する方向へ向かっている」ことを表し，「崩れる何らかの兆候がある」ことを含意します。

③ The roof collapses.：その屋根は落ちます。

→ **確定的未来**は現在形を用いて表現されます。

→ **確定的未来**の用法：実行されることが確定している未来の予定・計画などは現在形で表現します。

ex. その試合は明日６時開始です。

The game *starts* at six tomorrow.

(3) 現在完了形

現在完了形は時間の幅を表現するというよりも，過去から現在に続く行為や出来事に関して，それらの**現在の状況に焦点を当てることで臨場感を演出する**こと，それが現在完了形のつくりだすイメージで役割です。

経験の回数や頻度を表す語句（often, many times など），継続の時間の幅を表す語句（since, for など）があれば完了時制で表現するといった機械的な発想ではなく，過去から続く行為や出来事に対して，その現在の状況に焦点を当てて臨場感を出す，それが現在完了形の役割だという理解が重要です。

have ＋ p.p.：臨場感を演出する現在完了形

⇒ “**have（現在形）**”によって現在を，“**p.p.（過去分詞）**”によって過去をそれぞれイメージさせることで，過去から現在に至る時間の流れが表現されると同時に，have の現在形によって現在に焦点が当たることで臨場感が演出される表現様式になります。

ex. 5キロも太っちゃったよ。

I *have put on* as many as five kilos.

→「太った」ことが過去の終わった話ではなく，その状態が継続した現在の状況に焦点が当たる表現になっています。

→ as many as ＋数字＋名詞：（数字）もの（名詞）

ex. 町並みはすっかり変わってしまったよ。

The streets *have changed*.

→ 過去の単なる出来事（The streets changed.）ではなく，町並みが変わってしまった現在の状況に焦点を当てる表現になっています。

ex. 食べすぎた～。

I*'ve eaten* too much.

→ 今まさにお腹がいっぱいになった（なりすぎた）という感じです。

【練習問題】次の日本文を英訳しなさい。
（友人との会話で）
「おいしいシチューができたよ！　食べてみる？」

【解　説】

"I've cooked a nice stew. Why don't you try it? (Will you have a taste?)"

→ 現在完了形で表現することで，今まさにできあがった熱々のシチューというイメージが出てきます。

→ 過去形（I cooked a nice stew.）ではシチューが冷めてしまった感じが漂います。

→ 勧誘：Why don't you ～？

【練習問題】次の日本文を英訳しなさい。
（友人との会話で）
「ねぇねぇ，あの映画見た？　おもしろかったよね～！」

【解　説】

Say, have you seen that movie? It's very exciting.

→「映画を見た」のは過去の話ですが，現在完了形を用いて表現することで，映画を見た余韻が伝わり，「おもしろかったよね～」と話が盛り上がるわけです。

→「おもしろかったよね～！」も過去形ではなく現在形で表現します。be 動詞の現在形を用いることで，その映画が本質的におもしろいものであることを表現することができます。

(4) 過去形

過去形は現在から遠ざかる感覚を表現します。それにより，①**物理的時間としての過去**が表され，②現実の裏返しとしての**仮定の世界**が，そして，③現在形のもつ直接的な感覚が打ち消されることで**丁寧さ**が表現されることになります。

①物理的時間としての過去

動詞の過去形は物理的時間としての過去を表すだけでなく，現在完了形とは対照的に，現在の状況とは関わりのない，**すでに終わった過去の行為や出来事**を表現します。

ex. 昭和という時代は人々が活力にあふれる時代だった。
People in the Showa era *were* all full of energy.

②仮定の世界

過去形は**現実ではない仮定の世界**も表現します。「もし私が鳥ならば」が“If I were a bird, ～”と表現されるのもそのためです。

“If I were a bird, ～”であれば，私は現実には鳥になる可能性はなく，ただ仮定していることを，また“If I am a bird, ～”と表現すれば，私が鳥になる可能性が現実にあることを表現することになります。

ex. もし鳥ならば飛び去っていくのになあ。
If I *were* a bird, I would fly away.

ex. もし彼の助けがなかったら，私はどうなっていただろう。
What would have become of me if it *had not been* for his help?
→ 仮定法過去完了は仮定の世界が過去のことであることを示します。

③丁寧表現

さらに過去形には**現在形がもつストレートな感覚を和らげる働き**があります。過去形が現在から遠ざかったイメージをもつことから，遠回しな表現となって丁寧な響きをつくりだします。

ex. 窓を開けていただけませんか。
Would you open the window?
→ 現在形を用いた依頼文は，ストレートなイメージで親しい間柄での表現となりますが，過去形を用いることで丁寧表現としての響きをもつことになります。

cf. 窓を開けてくれないか。

Will you open the window?

ex. 何か飲み物をいただけますか。

I'*d like* something to drink.

→ would like [to-V]：控え目な希望を表明します。

cf. 何か飲みたい（何か飲み物をくれ）。

I *want* something to drink.

→ 直接的に“欲しい”を表現し，依頼文としては無作法な言い方です。

進行形・過去形を用いた丁寧な依頼表現

＊進行形 ⇒ 進行形の一時性や非完結性のイメージから，あくまで一時的なものであることが表現され，決めつける感じが和らげられます。

＊過去形 ⇒ 現在形のストレートな感覚を和らげます。

ex. 手を貸してもらえますか。

(1) I *hope* you will help me.

→ 自分の頼みごとを正面きって述べることになります。相手に判断の余地を残さないストレートな感じで，強要的な響きがありますが，友人同士などの対等な関係であればこれで十分です。

(2) I *am hoping* you will help me.

→ 進行形がもつ一時性や非完結性のイメージから，軽いソフトなニュアンスが表現され，ぶしつけな感じが和らげられます。

(3) I *hoped* you would help me.

→ 進行形よりもさらに遠回しな表現となって，相手の判断の余地を残したより丁寧な表現になります。

(4) I *was hoping* you would help me.

→ 進行形と過去形の両者を用いることで，最も遠慮がちな言い方になります。

→ 例えば英国の高級百貨店での店員の言葉使いなどで用いられます。

ex. またのご来店をお待ち申し上げております。

We *were hoping* you would come to our store.

時制の一致の例外ケース

ここで過去形と関連して，英文を構成する上でも重要となる時制の一致の扱いについて確認しておきたいと思います。

時制の一致とは，主節の動詞が過去形の際に従属節の動詞も過去形に一致させるという原則です。しかし，以下のような場合，主節の動詞が過去形であっても，従属節では時制の一致の原則を適用しない場合があります。

①不変の真理

→ 不変の真理は常に現在形で表現されます。

ex. 息子は昨日の化学の授業で，水は水素と酸素からなることを習った。

My son was taught in a chemistry class yesterday that hydrogen and oxygen *make* water.

②現在でも変わらない習慣・性質

→ 現在も継続する，あるいは通用する事実であることを示したい場合は，主節の動詞が過去形でも時制を一致させずに現在形や現在完了形，現在進行形で表現します。

ex. 彼女は叔母と暮らしていると言った。

She told me that she *lives* with her aunt.

→ 現在形で表現することで，現在も暮らしていることが表現されます。

ex. ツバメは東南アジアから日本にやって来ることを知っていたかい。

Did you know swallows *migrate* from Southeast Asia to Japan?

ex. 息子からその時以来，勉学に励んでいるとの便りがあった。

I heard from my son that he *has been working* hard since then.

→ 今も励んでいることが強調して表現されます。

③歴史上の事実

→ 歴史上の事実は，通例，大過去ではなく過去形で表現します。

ex. 息子に1492年にアメリカを発見したとのは誰だったと尋ねると，息子はコロンブスだと答えた。

When I asked my son who *discovered* America in 1492, then he answered Columbus *did*.

大過去（had + p.p.）の用法について

大過去とは継続や経験を表す過去完了の用法とは別に，いわゆる“過去の過去”を表す表現様式をいいますが，ここで誤解されがちな大過去の用法について確認しておきましょう。

内容的・常識的に時間の前後関係が判断できる場合，物事が起きた順番に表現され紛らわしさが生じない場合などには，大過去（had + p.p.）に代えて過去形を用いるのが一般的です。

大過去とは，過去における２つの出来事の前後関係をはっきりさせるために使われるもので，その必要がないときは，あえて大過去を用いる必要はありません。

ルールとして時間のズレを厳密に考えてしまうと，１年前であろうと１秒前であろうと，少しでもズレれば過去の過去ということになって，すべてを“had + p.p.”で表現していくことになってしまいます。

杓子定規に単なるルールとして時制を考えるのではなく，あくまで大過去とは，読み手に“時制がズレていますよ”ということを，あえてメッセージとして伝えるものであると理解しておきましょう。

ex. 父親が買ってくれた時計を失くしてしまった。

I lost the watch which my father [*had*] *bought* for me.

→ 買ってくれたのは失くす前のことであると常識的に判断できることから，通例，bought で代用されます。

ex. 怪しい物音がしたので，彼は家の外に出てみた。

He got out of the house because he [*had*] *heard* a strange noise.

→ 時間の前後関係を明示したければ“had heard”を用います。

cf. When he *had* a meal, he watched television.

→「食事をしてからテレビを見た」（前後）という意味にも，「食事を食べながらテレビを見た」（同時）という意味にもなります。

When he *had had* a meal, he watched television.

→「食事をしてからテレビを見た」という前後関係が明らかにされます。

= After he had a meal, he watched television.

4．名詞説明の表現様式

日本語では名詞を説明する言葉はすべてその名詞の前方に置かれます。例えば，富士山を説明する場合，「高さが3776mで，本州のほぼ中央に位置し，日本人が大好きで，外国人にも人気のある富士山」となりますが，それとは対照的に，英語では名詞を説明する言葉は，その**名詞の後方**に置かれます（ただし1語の形容詞や分詞は，通例，名詞の前に置かれます）。

ここでは，英文構成にとって重要な**不定詞**，**前置詞＋名詞（of＋V-ing）**，**関係詞**を使って名詞を説明する表現様式に関して理解を深めていくことにします。

名詞説明の表現様式

名詞を説明する様式として，主に7つの様式が存在します。

名　詞＋不定詞：This is not a chair to sit on.

→形容詞＋不定詞：This river is dangerous to swim in.

名　詞＋関係詞：This is the picture which I took in that park.

名　詞＋that節：I didn't know the fact that he knew it.

名　詞＋形容詞：She was waiting for him in a room full of people.

名　詞＋分　詞：Look at that girl dancing with the boy.

名　詞＋前＋名：That book on the desk isn't mine.

名　詞＋名　詞：She'll introduce to her parents a man, her fiancé.

(1) 名　詞（形容詞）＋ to-V

「名詞（形容詞）＋ to-V」の形で，**名詞（形容詞）を不定詞で説明**する表現様式です。

①名　詞＋ to-V

まず，「名詞＋ to-V」には3つのタイプがあります。名詞とVとの関係において，名詞がVの，(1)S（主語）になる，(2)O（目的語）になる，(3)そのどちらにもならない（この場合，名詞は抽象名詞に限られます）という3つのタイプです。

名　詞＋ to-V

(1) **S型**：名詞が不定詞のVの主語になります。

ex. 私には（私を）助けてくれる友だちはいない。

I have *no friends to help* me.

→ I have no friends to help me.（no friends = S′, help = V′, me = O′）

(2) **O型**：名詞が不定詞のVの目的語（O′）または不定詞句内にある前置詞の目的語（前O′）になります。

ex. 私には（私が）助けてあげられる友だちはいない。

I have *no friends to help*.

→ I have no friends to help.（I = S′, no friends = O′, help = V′）

ex. このリンゴを切るナイフをとってもらえますか。

Hand me *a knife to cut* this apple with.

→ Hand me a knife to cut this apple with.（a knife = 前O′, cut = V′, this apple = O′, with = 前′）

→ cut this apple with a knife

→ with ＋道具（➡ p.59・5(5)）

(3) **抽象名詞＋ to-V**：名詞が不定詞のVの主語にも目的語にもならずに，抽象名詞に対する内容説明をします。

ex. 彼女に会う機会があった。

I had *a chance to meet* her.

→ 名詞＋ to-Vの形をとる抽象名詞

attempt, decision, intension, permission, promise など，主に未来志向の内容をもつ名詞です。

名　詞＋ to-V が含意する意味

もとは前置詞であった“to”がもつ**方向性（到達点に向かって）の感覚**から，“名詞＋ to-V”には，(1) **〜すべき**，(2) **〜できる**，(3) **〜するための**といった意味合いが生じてきます。

(1) 〜すべき（義務）

ex. 今日はすることがたくさんある。

I have a lot of *things to do* today.

→単に「今日すること」くらいの感覚で，義務の感覚は強いものではありません。

cf. I have a lot of things which I *should* do today.

→"should" を用いて「今日したほうがよい」と，やや義務感を出しています。

I have a lot of things which I *must* do today.

→"must" を用いて「今日しなければならない」と，強い義務感を出しています。

(2) ～できる（可能）

ex. 見回してみても何もなかった。

I looked around, but there was *nothing to be* seen.

cf. I looked around, but there was *nothing which I could* see.

→"can" を用いることで，可能の感覚がより強く出ます。

(3) ～するための（適性）

ex. これは小さな子供が座る椅子ではない。

This isn't *a chair* for a little child *to sit* on.

②形容詞＋ to-V

「形容詞＋ to-V」は，(1)S ＝ O′型，(2)S ＝ S′型の２つのタイプに分かれます。

形容詞＋ to-V

(1)S ＝ O′型：文の主語（S）と不定詞のVの目的語（O′）または不定詞句内にある前置詞の目的語（前O′）が一致し，O′・前O′は通例，消去されます。

＊難易を表す形容詞

easy，hard，difficult，impossible，safe，dangerous など

→通例では，人間を主語にとることのない形容詞も，この場合には人間を主語にすることができます。

ex. 彼女は気難しい人だ。

She isn't *easy to please*.

→She isn't *easy* to please (~~her~~).
S　V′　O′ (S＝O′)

→ please＋O：～を喜ばせる

≒ It isn't *easy* to please her.

ex. この川は泳ぐには危険だ。

This river is *dangerous to swim in.*

→ This river is *dangerous* to swim in (~~this river~~).
S（This river）　V′（swim）　前′（in）　前O′（S＝前O′）

≒ It is *dangerous* to swim in this river.

＊快不快を表す形容詞

comfortable, exciting, pleasant, unpleasant, unhappy など

ex. 彼は話をするにはとても面白い人だ。

He is *exciting to talk with.*

→ He is *exciting* to talk with (~~him~~).
S（He）　V′（talk）　前′（with）　前O′（S＝前O′）

⑵S＝S′型：文の主語（S）と不定詞のVの主語（S′）が一致します。

＊意欲・傾向を表す形容詞

anxious, eager, willing, impatient, prone, ready など

ex. 彼は自立するために就職することを切望していた。

He was *anxious to get* a job to become independent from his parents.

→ He was *anxious to get* a job to become independent from his parents.
S＝S′（He）　V′（get）

＊可能性・確実性に関する話者の判断を表す形容詞

certain, sure, likely, unlikely など

ex. 彼は必ずここに来るだろう。

He is *certain to come* here.

→ He is *certain to come* here.
S＝S′（He）　V′（come）

＊感情を表す形容詞

happy, pleased, excited, surprised, angry, disappointed, sorry など

ex. 彼女はその街が急速に変わっているのを見て驚いた。

She was very *surprised to see* how rapidly the town was changing.

→ She was very *surprised to see* how rapidly the town was changing.
S = S′ V′

＊賢明・軽率を表す形容詞

kind, wise, sensible, careless, foolish, stupid など

ex. そんなことをするなんて彼は馬鹿に違いない。

He must be *foolish to do* such a thing.

→ He must be *foolish to do* such a thing.
S = S′ V′

不定詞・副詞的用法のまとめ

(1) 目的

ex. 彼は英語を勉強するために米国へ行った。

He went to America *to study* English.

→ 目的を明示する場合には, "in order to-V", "so as to-V"（やや口語的）を用います。

ex. 彼女は赤ちゃんが起きないように小声で話した。

She spoke in a small voice *in order not to wake* the baby.

× She spoke in a small voice not to wake the baby.

→「～しないように・～しないために」は通例, "in order not to-V", "so as not to-V" を用います。

(2) 形容詞 + to-V

① S = O′ 型

ex. 彼はやりにくい人だ。

He is *impossible* to get along with.

→ ただし, "possible" はこの形態をとることはできません。

cf. この病気は治療可能だ。

It is *possible* to cure this disease.

× This disease is *possible* to cure.

→ ただし否定文の場合, 人間以外では可能です。

This disease isn't *possible* to cure.

② S = S′ 型

ex. 彼女に会えるのを今か今かと待っていた。

I was *impatient* to see her.

⑶ 結果

ex. 彼女は大人になって有名なピアニストになった。

She grew up *to be* a famous pianist.

ex. 彼は再び試みたけれども，残念ながら失敗しただけだった。

He tried it again, only *to fail*.

⑷ 程度

ex. このかばんは重すぎて運べない（運ぶには重すぎる）。

This bag is too heavy *to carry*.

ex. 彼はとても親切で駅へ行く道を教えてくれた（教えてくれるほど親切だった）。

He was kind enough *to show* me the way to the station.

⑸ 条件

ex. もし彼が話すのを聞けば，アメリカ人と思うかもしれない。

To hear him talk, you would take him for an American.

→ 通例，動詞が“hear”，“see”に限られ，仮定法の条件節として代用されます。

(2) 名　詞＋ of V-ing

名詞＋ of V-ing：V するという名詞

名詞を不定詞で説明する様式（“名詞＋ to-V”）に対して，“of V-ing” で説明を加えるという様式があります。名詞＋ to-V が前置詞 to のニュアンスから，義務や可能，適性のニュアンスを表現する一方で，“名詞＋ of V-ing” は，“of” による限定の感覚から，その名詞に関して**焦点を絞って説明する**スタイルになります。

ex. 彼女にはものを誇張して言う癖がある。

She has *a way of exaggerating* things.

ex. 彼女は京都を訪れるのをあきらめなければならなかった。

She had to give up *the idea of visiting* Kyoto.

→「京都を訪れるという考え・思いつき」

動名詞の意味上の主語

(1) 文の主語と一致する場合は消去されますが，一致しない場合は動名詞の前に置きます。

(2) 代名詞の場合は所有格（特に動名詞が文の主語になる場合）か目的格（口語的な表現）で表します。また，普通名詞で人間・生物の場合には所有格もしくはそのままの形（名詞（＋'s））で，無生物の場合には「's」はつけずにそのままの形で動名詞の前に置きます。

ex. イルカは最も人間に慣れた海洋生物だと見なされているようで，イルカが溺れかかっている船員を助けるという話は，ローマ時代からよくある話である。

Dolphins seem to be regarded as the friendliest creatures to humans in the sea, and *the stories of them helping drowning sailors* have been common since Roman times.

→ 名詞＋ of V-ing：the stories of them helping drowning sailors

→ them (S′) helping (V′) drowning sailors (O′)

→ them ＝ dolphins で helping（動名詞）の意味上の主語

→ drowning：（分詞）溺れかかっている

(3) 名詞＋関係詞

to-V や of-Ving による名詞説明の表現様式と並んで，関係詞も名詞を説明する代表的な表現様式の一つです。受験生にとって使えそうで意外に使えないのが関係詞です。関係詞を使いこなせるようになると表現力をかなりアップさせることができます。ここでは関係詞の基本となる**限定用法・非限定用法**（挿入用法・継続用法）の考え方についてじっくりとお話ししましょう。

関係詞の２用法

限定用法

→ 複数個存在する先行詞に対して，その中から限定し特定する役割をします。

非限定用法

→ それ以外には考えられない先行詞に関して，補足的に説明を加える役割をします。

　→ 挿入用法：先行詞に対する補足説明

　→ 継続用法：先行詞に対する補足説明＋順接・逆接・理由の意味合い

①限定用法

限定用法とは，複数個ある名詞の中から関係詞節によって限定し特定する用法をいいます。

⇒ 数えられる名詞の場合，その名詞が複数個存在すること（最低２つ以上）が限定できる条件となります。一つしかないものや「それ以外に考えられないもの」は限定することはできません。

ex. He has two sons *who* go to college.（限定用法）
彼には大学に通っている息子が２人いる。

→ 大学に通っているということで限定すると２人の息子がいることを示し，２人以外に大学に通っていない息子がおり，彼には少なくとも３人以上の息子がいることが含意されます。

cf. He has two sons, *who* go to college.（非限定用法・継続用法）
彼には息子が２人いて，そして彼らは大学に通っています。

→ 彼には息子は２人しかいません。

②非限定用法

先行詞が「それ以外には考えられない」場合には，先行詞を限定することはできないことから非限定用法が用いられます。

(1) 固有名詞・唯一の名詞

⇒固有名詞や唯一存在する名詞は複数個存在することはありえず，それ以外を考えることはできないので，非限定用法が用いられることになります。

ex. 太陽の周りを回る地球は，太陽系の惑星の一つです。

The earth, *which* goes around the sun, is one of the planets in the solar system.

× The earth *which* goes around the sun is one of the planets in the solar system.

→地球が複数個あって，そのうちで太陽の周りを回っていることで限定される地球が太陽系の惑星の一つだという意味になります。

ex. 彼には大学に通っている一人息子がいる。

He has a son, *who* is a college student.

ex. 彼は3年ぶりに帰省した。

He returned to his hometown, *where* he had not been for three years.

He returned to his hometown, *which* he had been away from for three years.

(2) 文脈上特定される名詞

⇒文脈上，先行詞が特定されることで，それ以外は考えられないことになります。

ex. 彼はパソコンを2台持っていたが，そのどちらともしばらく使っていません。

He has two personal computers, neither of *which* he has used for a while.

→彼が持っているパソコンは2台でそれ以外には持っていません。

→He has two computers.

+

He has used neither of the two computers for a while.

cf. He has two computers *which* he hasn't used for a while.

→彼がしばらく使っていないパソコンは2台ある。

→彼はパソコンを少なくとも3台以上持っていることになります。

(3) 総称名詞

⇒ 総称を表す名詞の場合も，それ以外は考えられないので，非限定用法が用いられることになります。

ex. ユーカリ(eucalyptus)の葉を主食とするコアラは，オーストラリアだけに見られます。

Koalas, *which* live on the leaves of eucalyptuses, are found only in Australia.

ex. 子供は物覚えがいいから，できるだけ早く英語を勉強するほうがよい。

Children, *who* learn easily, should study English as early as possible.

cf. 物覚えがよい子供は，できるだけ早く英語を勉強するほうがよい。

Children *who* learn easily should study English as early as possible.

→ who（限定用法）以下で，子供たちの中で物覚えがよい不特定の子供に対し，その子供たちに早く勉強することを勧めています。

③挿入用法

非限定用法の一つとして，特定される先行詞の直後に関係詞節を挿入することで，先行詞を補足的に説明する用法を**挿入用法**と呼びます。英作文では特定される先行詞に対して軽く説明を加えたい場合に挿入用法は有効な手段になるので，しっかりと理解しておく必要があります。

ex. 私が友だちと遊ぶ公園は家の近くにある。

The park, *where* I often play with my friends, is near my house.

→ すでに特定された公園に対して，そこでよく遊ぶと補足説明しています。

cf. The park *where* I often play with my friends is near my house.

→ いくつかある公園の中で，よく遊ぶ公園を限定し特定しています。

ex. 乗客たちは事故で重傷を負ってすぐに病院へ運ばれた。

The passengers, *who* were seriously injured in the accident, were immediately taken to hospital.

→ 乗客たちが重傷を負ったことが説明され，彼らが病院へ運ばれたことを意味します。

cf. The passengers *who* were seriously injured in the accident were immediately taken to hospital.

→ 乗客のうち重傷を負った乗客たちが病院へ運ばれたことを意味します。

→ 訳：事故で重傷を負った乗客たちはすぐに病院へ運ばれた。

④継続用法

非限定用法の一つとして，先行詞に対して補足的に説明を加える表現様式を**継続用法**と呼びます。その際，主文と関係詞節との間に，文脈に応じて，それぞれ順接（そして～），逆接（しかしながら～），理由（というのも～）の関係性が生じます。

ex. 彼は私に本を貸してくれた。そして，それは私にはとても興味深かった。

He lent me a book, *which* I found very interesting.

→「本を貸してくれた」ことが主情報で，which 以下でその本に関する補足情報が述べられるという文体となっています。

≒ He lent me a book, *and* I found it very interesting.

ex. 彼は私に本を貸してくれた。しかし，それは私にはあまり面白くなかった。

He lent me a book, *which* wasn't very interesting for me.

cf. He lent me a book, *but* it wasn't very interesting for me.

→ but 以下が主情報になります。

ex. 彼は私に本を貸してくれた。というのも私が興味を示していたからだった。

He lent me a book, *which* I had showed interest in.

≒ He lent me a book, *for* I had showed interest in it.

→ for S V ～：軽い理由づけ（➡ p.12・1⑵④）

cf. He lent me a book *because* I showed interest in it.

→ because 以下が主情報となります。

5．Appendix

⑴ 無生物主語をとる主な動詞一覧

因果系

⑴ Sによって～する　⑵ Sのために～する　⑶ Sのおかげで～する

可能系・判明系

⑴ Sによって～できる　⑵ Sのために～できる　⑶ Sのおかげで～できる

⑷ Sならば～できる　⑸ Sすると～できる

①因果系

＊ make ＋ O ＋原形・形容詞（作りだされる因果関係）

ex. 私の返事に彼は怒った。

My answer *made* him angry.

＊ cause ＋ O，cause ＋ O ＋ to-V（偶発的な因果関係）

→意図的でない偶発的な因果関係を表します。

ex. 彼の不注意な運転で危うく重大な事故になるところだった。

His careless driving nearly *caused* a serious accident.

ex. 風邪のせいで彼女は声が出なかった。

A bad cold *caused* her *to* lose her voice.

＊ lead to ＋ O，lead A to B，lead ＋ O ＋ to-V（導かれる因果関係）

→lead：導く・連れて行く

ex. 彼の好意も面倒なことになっただけだった。

His kindness only *led to* trouble.

ex. 愚かな決断によってその会社は倒産に追い込まれた。

Foolish decisions *led* the company *to* bankruptcy.

ex. なぜそんな馬鹿な計画に乗ってしまったのですか。

What has *led* you *to* join in on such a foolish scheme?

→lead＋O＋to-V：O（人）に～するように仕向ける・させる

＊ bring + O_1 + O_2, bring O_2 to O_1（もたらされる因果関係）

→ bring：連れて来る・持って来る

ex. 彼は懸命に働き成功をおさめた。

His hard work *brought* him success in business.

ex. よい天候に恵まれて北海道に大豊作がもたらされた。

Fine weather *brought* bumper crops *to* Hokkaido.

ex. 彼の話を聞いて涙があふれました。

His story *brought* tears *to* my eyes.

＊ compel + O + to-V（抗しがたい力による因果関係）

ex. 彼女は病気のため進学をあきらめざるをえなかった。

Her illness *compelled* her *to* give up hope of going to university.

＊ force + O + to-V（強制的な力による因果関係）

→ “compel” より強意的です。

ex. 党内事情のために首相は政界からの引退に追い込まれた。

The internal party reasons *forced* the Prime Minister *to* retire from politics.

＊ impel + O + to-V（強い欲望や感情による因果関係）

ex. 飢えのためその少年は盗みを働いた。

Hunger *impelled* the boy *to* steal.

＊ oblige + O + to-V（義務としての因果関係）

ex. 日本国憲法によって我々は納税することになっている。

The Constitution of Japan *obliges* us *to* pay taxes.

＊ keep + O + V-ing, keep + O + p.p., keep + O +形容詞（継続する因果関係）

ex. その音で夜遅くまで寝つけなかった。

The noise *kept* me up till late.

②可能系

＊ make + O +原形・形容詞（可能）

ex. 彼女の笑顔のおかげで落ち着くことができた。

Her smile *made* me feel at ease.

ex. 新しい地下鉄ができて住人たちは都心へ簡単に行けるようになった。

The new subway *made* it easier for the dwellers to go to the center of the city.

＊ give + O_1 + O_2（可能）

ex. 少し散歩すると朝食がおいしく食べられますよ。

A little walk *gives* you a good appetite for breakfast.

＊ enable + O + to-V（恩恵）

ex. 奨学金のおかげで彼女は大学に進学することができるでしょう。

The scholarship will *enable* her *to* go to university.

＊ help + O +原形（救援）

ex. 彼のお客たちは皆緊張していたが，彼の奥さんの愛想の良さで，すっかりくつろげた。

Though his guests were all nervous, his wife's friendly manner *helped* them feel at home.

＊ relieve + O（救済）

ex. どんな彼の言葉も彼女の心配をやわらげることはできなかった。

None of his words could *relieve* her anxiety.

＊ save + O（省力）

→ save：省く・救う

ex. 電話ひとつで会いに行く手間が省ける。

A telephone call will *save* you from having to go to see.

→ save + O + from V-ing：O が～する手間を省く

＊ allow + O + to-V（容認）

→ allow：非強制的にしたいようにさせておくという容認

ex. 当ホテルではこの区域でのみ喫煙できます。

Our hotel *allows* you *to* smoke only in this area.

＊ permit + O + to-V（許可）

→ permit：制度や組織，規則などに基づく公式的な許可

ex. このパスワードを使えばその映画俳優の特別サイトにアクセスできます。

This password will *permit* you *to* access the special site of the movie star.

＊ encourage + O，encourage + O + to-V（激励）

→ encourage：勇気づける・励ます

ex. あなたの手紙で大いに元気づけられた。

Your letter *encouraged* me greatly.

ex. 家族の助けのおかげで受験勉強を頑張ろうと思えた。

The help of my family *encouraged* me to study for entrance exams.

＊ discourage + O，discourage + O + from V-ing（妨害）

→ discourage：くじけさせる・邪魔をする

ex. 失敗が続き彼はついにくじけてしまった。

Repeated failures *discouraged* him in the end.

ex. 台風が近づいてきたので，彼らは行楽に出かけるのをあきらめた。

The approach of a typhoon *discouraged* them *from* go*ing* out for pleasure.

→ 名詞構文：the approach of a typhoon（a typhoon is approaching）

＊ prevent + O + from V-ing（妨害）

→ prevent：妨げる・妨害する

ex. 大雪による遅れのために会議に出席できなかった。

The delay caused by heavy snow *prevented* me *from* attend*ing* the meeting.

＊ keep + O + from V-ing（妨害）

→ keep：遠ざけておく・させないでおく

ex. 彼女は内気だったので，彼に話しかけることがずっとできなかった。

Her shyness *kept* her *from* talk*ing* to him.

＊ forbid + O + to-V（禁止）

→ forbid：禁じる・妨げる

ex. 資金難によってその会社は計画をあきらめざるをえなかった。

Lack of funds *forbade* the company *to* carry out the plan.

＊ prohibit + O + from V-ing（禁止）

→ prohibit：法や規則によって禁止する

ex. 法律によって外国人たちはその国へ入国できなかった。

The law *prohibited* foreigners *from* enter*ing* the country.

＊ don't allow + O + to-V（不許可）

ex. 彼女はプライドが高くて，人前で悲しい顔を見せることができなかった。

Her pride *did not allow* her *to* show her grief in public.

＊ don't permit + O + to-V（不許可）

ex. 規則によりここでは喫煙できません。

The regulation *doesn't permit* you *to* smoke here.

③判明系

＊ tell + O_1 + O_2，teach + O_1 + O_2（教示）

ex. この本を読むと，今日の世界でどう生きていけばよいかわかりますよ。

This book will *tell* you how to live in today's world.

ex. 経験を積んで人生を学んでいくものだ。

Experience *teaches* us how we should live.

＊ show + O，show + O_1 + O_2（明示）

→ show：つまびらかに示す

ex. 彼女の表情を見ると，一言も話せないほど動揺しているのが明らかだった。

Her facial expression *showed* that she was too upset to utter a word.

＊ suggest + O（暗示）

→ suggest：暗に示す

ex. 彼の話し振りで学識の深さが知れる。

His way of speaking *suggests* the depth of his knowledge.

(2) 名詞構文の表現様式

名詞構文とは動詞を名詞化して表現する様式をいいます。無生物主語構文と組み合わされることも多く，英文らしい英文を書くためには欠かせないツールの一つです。

動詞から派生した名詞形が使われる文はすべて名詞構文と呼ぶことができ，実に様々な形が考えられますが，英作文では次の基本形を意識しておけばよいでしょう。

名詞構文の基本形

動 詞 ↓

名詞の所有格 + 名 詞 + of ～ （S′がO′をV′すること）
S′ V′ O′

＊動詞から派生した名詞に対して，名詞・代名詞の所有格で主語を表し，of～以下にて目的語を表します。

ex. その詩人は自然を深く愛していることで広く知られている。

（彼が） 自然を 深く 愛していること
S O 副詞 V

↓

he deeply loves nature
S 副詞 V O

↓ 名詞構文化：deeply loves → deep love
副詞は形容詞に変換します

his deep love of nature
S′ 形容詞 V′ O′

↓

The poet is widely known for *his deep love of nature.*

ex. 首相が法律を導入した責任を否定したことから国会は紛糾した。

首相が 責任を 否定した
S O V

↓

the Prime Minister denied any responsibility
S V O
⬇ 名詞構文化：deny → denial
the Prime Minister's denial of any responsibility
S′ V′ O′

＋

首相が 法律を 導入した
S O V

⬇

he introduced the law
S V O
⬇ 名詞構文化：introduce → introduction
his introduction of the law
S′ V′ O′

⬇

The Prime Minister's denial of any responsibility for *his introduction of the law* threw the Diet into confusion.

→ throw＋O＋into confusion：O を混乱状態に陥れる

ex. その学生はいくら練習しても英語の聞き取りがうまくならなくて困っている。

その学生は いくら （一生懸命に） 練習しても
S 譲歩 副詞 V

⬇

however hard he may practice / even though he practices a lot
副詞 S V 接続詞 S V 副詞
⬇ 名詞構文化：動 practice → 名 practice
however ～, though ～ → despite
hard, a lot → all
despite all his practice
前置詞 形容詞 S′ V′

＋

その学生は 英語の聞き取りが うまくならない
S O V

⬇

he can't improve his ability
S V O
⬇ 名詞構文化：can't → failure to-V
his failure to improve his ability
S′ V′ O′

⬇

The student is troubled by *his failure to improve his ability* to understand spoken English *despite all his practice.*

ex. あらゆる努力をしたにもかかわらず，彼らの事業は失敗に終わった。
The enterprise ended in failure in spite of *all their efforts.*

(3) no more ～ than 構文

(1) A no more ～ than B：B が～でないのと同様に A も～でない

→ 通例，**B 項には一般的・常識的にあるいは文脈的に絶対に否定される事柄が提示され，A 項がそれと同じくらいに否定されることを表現します。**

→ 前述（➡ p.16・2⑴比較表現）したように，比較構文とは，A 項と B 項の単なる比較ではなく，B 項を比較対象として持ち込むことで，A 項の特徴を明らかにすることにそのエッセンスがあります。no more ～ than 構文とは，B 項に明らかに否定される事柄（馬は魚である，金槌は泳げる）を持ち込んで，それと同じくらいに否定される A 項の特徴（鯨は魚ではない，私は泳げない）を表現しようとするものです。

ex. 馬が魚でないのと同様に鯨も魚ではない。
A whale is *no more* a fish *than* a horse.

ex. 金槌と同様に私はまったく泳げない。
I ca*n't* swim *any more than* a hammer.
→「金槌が泳げないように，まったく泳げない」ことを表します。
→ A no more ～ than B ＝ A not ～ any more than B

(2) A no less ～ than B：B が～であるのと同様に A も～である

→ A no more ～ than B とは逆に，B 項には肯定される事柄が提示されます。

→ no ＋ less ＝二重否定によって強い肯定を表します。

ex. 彼女は姉さんと同様に美しい。
She is *no less* beautiful *than* her sister.
→ 姉が美人だという設定で，彼女は同じくらい美人だという意味になります。

⑶ **A not more ~ than B：A > B の否定⇒A ≦ B：A は B ほど~ではない**

ex. 彼女も美しいが姉さんほどではない。

She is *not more* beautiful *than* her sister.

→彼女も姉も美人であることでは共通しますが，姉がより美しいことを表します。

⑷ **A not less ~ than B：A < B の否定⇒A ≧ B：A は B に劣らず~だ**

ex. 彼女は姉さんに劣らず美しい。

She is *not less* beautiful *than* her sister.

→この構文の使用頻度は低く，通例，同じような意味を表す "She is at least as beautiful as her sister." などを用います。

⑷ as S V の表現様式

＊ as S V：基本イメージは「同時進行」

⑴ **時間の経過：~するにつれて**

ex. 上昇するにつれて空気はより薄くなる。

As you go up, the air grows thinner.

⑵ **様態：~するように**

ex. 私が言うようにやりなさい。

Do *as* I tell you to.

→tell + O + to-V：O に V するように言う（命令）

→I tell you to do の do は主節の do と重複するため省略します。

ex. 物事をありのままに受け入れたほうがよい。

You should take things just *as* they are.

→as S be：S が存在するように，ありのままの S で

⑶ **同一：~するのと同じように**

ex. 彼は私と同じくらい本を持っている。

He has as many books *as* I do.

→前者の as は副詞（同じくらい）

(4) 理由：～なので

ex. 日はすでに沈んでいた。暗くなってきたので彼らは家路を急いだ。

The sun had already set. *As* it was getting dark, they soon hurried home.

→ 読み手が既知の理由を軽く添えます。

→ 直接的な因果関係は表しません。

(5) 時：～する時

ex. ちょうど彼が仕事をしはじめた時，その工場で大爆発が起こった。

Just *as* he began to work, there was a loud explosion in the factory.

→ “when” よりも強い同時性を表します。

(6) 譲歩：～だけれども

ex. 彼は年こそ若かったが，その困難を突破した。

Young *as* he was, he got over the difficulty.

→ 形容詞・副詞＋ as S V ～：～だけれども

(5) with の表現様式

＊ **with：基本イメージは「付随」**

(1) 随伴：～とともに・～と一緒に

ex. 年をとるとともに人は賢くなる。

Wisdom comes *with* age.

(2) 道具：～を使って

ex. 猿は道具を使ってものを食べることができる。

Monkeys can eat *with* a tool.

(3) 所有：～を持った

ex. 彼女は青い目をした人形を持っている。

She has a doll *with* blue eyes.

(4) 関連・対象：～に関して・～に対して

ex. ガラスに気をつけなさい。

Be careful *with* the glass.

ex. 私にはこの子は手に負えない。

I can do nothing *with* this boy.

(5) 原因：～のために

ex. 彼女は風邪をひいて寝込んでいる。

She's in bed *with* a cold.

ex. 彼は怖くて震えていた。

He was shivering *with* fear.

(6) with ＋抽象名詞＝副詞

ex. 彼はその難解な本をすらすらと読んだ。

He read the difficult book *with* ease.

(7) 付帯状況：O が～の状態で

ex. 彼はその本を目に涙を浮かべながら読んでいた。

He was reading the book *with* tears in his eyes.

ex. 彼女は涙で声をつまらせながら難民の救済を訴えた。

She appealed for giving relief to the refugees *with* tears in her voice.

ex. 生活費が上がって，彼らは光熱費の節約を強いられた。

With the cost of living soaring, they were compelled to economize on light and fuel.

(6) by の表現様式

＊ by：基本イメージは「そばに」

(1) 位置：～のそば

ex. 沖縄の海辺の家に住みたい。

I want to live in a house *by* the sea in Okinawa.

ex. いつまでも私のそばにいてほしい。

I want you to stand *by* me forever.

(2) **原因・手段・基準：～のために，～によって**

ex. 人を外見で判断してはいけない。

Don't judge people *by* appearances.

ex. 彼女は一生懸命に勉強することで試験に合格した。

She passed the examination *by* studying hard.

ex. 自治体が救援物資を被災地域に提供することで多くの命が救われた。

By providing relief goods for the stricken area, the local government saved a lot of lives.

(3) **主体・動作主：～によって（主に受動態で）**

ex. この小説はある有名な芸人によって書かれたものだ。

This novel is written *by* a famous comedian.

ex. この扉は手動式ですか。

Is this door operated *by* hand?

(4) **伝達・運輸手段：～で，～を使って**

ex. ７時のバスで通勤しています。

I commute *by* the 7:00 bus.

ex. 私たちは毎日，メールで連絡をとりあっています。

We keep in touch with each other *by* email every day.

(5) **期限：～までに**

ex. 明日までに準備しておいてください。

Have it ready *by* tomorrow.

ex. あまり遠くに行かないうちに雨が降り出した。

By the time we had walked so far, it began to rain.

(7) make・have・get の表現様式

① make

＊ make ＋ O ＋原形

(1) **O に強制して〜させる（使役）**

→ 強制的にさせる場合に用います。ただし原形はOの意志によってできる動詞に限られます。

ex. 母は私にその部屋の掃除をさせた。

Mother *made me clean* the room.

(2) **無生物主語構文**

→ 強制の意味はなくなります。

ex. このドレスを着ると，彼女は太って見える。

This dress *makes her look* fat.

＊ make ＋ O ＋ p.p.：O を〜された状態にする（以下の用法以外はまれ）

ex. 騒音がひどくて彼の声は届かなかった。

He couldn't *make himself heard* above the noise.

ex. 私の英語が通じなかった。

I couldn't *make myself understood* in English.

② have

＊ have ＋ O ＋原形

→ プロの専門業者や社会的立場が自分より下の者（部下・生徒・子供など）に対して用います。

(1) **O に〜させる（使役）**

ex. 彼は秘書をその部屋に待たせておいた。

He *had his secretary wait* in the room.

(2) **O に〜してもらう（受益）**

ex. ある有名な美容師に髪を切ってもらった。

I *had a famous hairdresser cut* my hair.

＊ have ＋ O ＋ V-ing：O に〜させておく（使役）（一定期間続く動作を暗示します）

ex. 彼はタクシーを待たせておいた。

He *had a taxi waiting.*

＊ have + O + p.p.

(1) **O を～される（被害）**

ex. 彼は車を盗まれた。

He *had his car stolen*.

(2) **O を～してもらう（受益）**

ex. 彼女はカメラマンに写真を撮ってもらった。

She *had her picture taken* by a photographer.

ex. 英作文をある有名な先生に添削してもらった。

I *had my English composition corrected* by a famous teacher.

(3) **O を～してしまう（完了）**

ex. 1時間以上も前に宿題をやり終えたよ。

I'*ve had my homework done* for over an hour.

③ get

＊ get + O + to-V

→努力・説得して～させる・～してもらう場合に用います。

(1) **O に～させる（使役）**

ex. 誰もその車を動かせなかった。

No one could *get the car to start*.

(2) **頼んで・説得して～してもらう（受益）**

ex. 医者に子供を診に来てもらった。

I *got a doctor to come and see* my kid.

＊ get + O + V-ing : O を～（始め）させる

ex. 誰もその機械を始動できなかった。

No one could *get the machine running*.

＊ get + O + p.p.

(1) **O を～させる（使役）**

ex. パソコンを起動させれなかった。

I couldn't *get my personal computer started*.

(2) **O を～してもらう（受益）**

ex. このパソコンをなんとか修理してもらいたいのですが。

I'd like to *get this personal computer repaired*.

⑶ O（自分の物や体）を～される（被害）

ex. 台風で家の屋根が吹き飛ばされた。

We *got our roof blown off* in the typhoon.

⑷（時間をかけて・努力して）O を～してしまう（完了）

ex. 宿題を終わらせてしまいなさい。

Get your homework done.